我允許

萬事萬物如此開始，如此發展，如此終結

因為我知道

一切來自因緣

發生皆是必然

若我質疑抑或否定

受傷害的只有自己

我唯一能做的

就是允許

我允許

每一種情緒，任其發展，任其消散

因為我知道

情緒只是生理的感知

本無好壞

若我抵觸抑或抗拒

受傷害的只有自己

我唯一能做的

就是允許

我允許

我本如此，如此行事，行我所行

因為我知道

外在只是自我的積澱

真正的我，智慧充盈

若我對此不再堅信

受傷害的只有自己

我唯一能做的

就是允許

●

我知道

我是為了當下的生命體驗而來

在每一個當下，我唯一要做的

就是完全地允許、充分地經歷、徹底地體驗、盡情地享受

靜靜地看著，只是看著

然後，允許一切發生

《我允許》

────── 伯特·海靈格（Bert Hellinger 1924—2019）著 ──────

張書凡 譯

我對生活的態度一向如此，隨心隨性，
不屑於活在他人的舌尖上，只為自己做決定。

我想過一種
只悅己、不悅人的生活，
不求理解，但求無愧於心。

雖然我認同工作是謀生，
但總覺得人應該在可選擇範圍內，
做自己喜歡的事，奔走在熱愛裡，
才能不那麼緊繃和焦慮。

你要成為那個給
自己雪中送炭的人。

我想人總是這樣，
被迫去做事總是心不甘情不願，
若是自己認定的事，
吃多少苦、流多少汗都甘之如飴。

人間是一個巨大的遊樂場，
我們在其間闖蕩，不問前程，
只為體驗，只為成長，
只為盡興一場。

在我心裡亦有一桿衡量意義與標準的秤仔，
世俗之見與我無關，
孰重孰輕，我自有判斷。

愛德華・孟克（Edvard Munch，1863—1944）
挪威表現主義畫家、版畫複製匠，現代表現主義繪畫的先驅。
其主要作品有《吶喊》、《生命之舞》、《卡爾約翰街的夜晚》。

允許一切發生

擁有鬆弛感，成為有格調、有溫度、有人情味的人

李夢霽／著

生是體驗，不是活著

　　我對夢霽的印象始於標題的八個字，彼時她是我的編輯，在不斷接觸中才發現，她同時還是英文筆譯、口譯老師以及中國科學院大學在讀研究生。她為我帶來驚喜的並不僅僅是以上文字羅列出的身分，還有談吐、見識以及格局。很少有像她一般年紀的女孩如此聰慧明澈，我想這正源於她所經歷的一切，這一切對她來講恰恰便是：生是體驗，不是活著。

　　這種體驗自然包括諸多經歷：寫公眾號、去加拿大讀書、旅行歐洲，再到後來作為交換生去牛津大學。短短幾年，她的經歷豐盈多彩，這自然令人羨慕，但若對夢霽了解得足夠深，便會知道這豐盈的經歷的背後又是怎樣的滄海桑田。她的經歷如同一條錦緞，而織就這條錦緞的，卻是她艱辛地跋涉、孤獨地審視，還有不懈地堅持。夢霽走過荊棘路，才最終實現了她的夢想。欲戴王冠，必承其重，她付出了多於旁人幾倍的汗與淚，才換來了如今的生活。這些點點滴滴都記錄在這本書裡，這些文字也因為坦誠和真實而顯得難能可貴。

她的文字是凜冽的，又是溫柔的；是清醒的，也是溫暖的。我在讀這本新書時常常感到震撼，年歲中的成長令她多了一股勁兒，這股勁兒裡暗含勇氣與自信、敏銳與通達，字裡行間皆透著靈氣，仿佛樓群中的燈火、深夜中的遠星，撫慰心靈，指引方向，令人充滿力量。

　　她在《一生欠安》中寫15位中國女子，在《這一生關於你的風景》中寫11位西方名媛，識人知世，對愛情的通達早已超過同齡人，她的愛情觀卻是極不世故的一句話：生而為女性，縱然不能決定怎樣生，怎樣死，卻可以決定怎樣活，怎樣愛。我沒有溫柔，只有這點英勇。

　　我認識的夢霽，永遠不妥協。

　　無論是裸辭去歐洲旅行，還是走上純文學之路，抑或是在面對人生伴侶的抉擇時，她都沒有考慮世俗的眼光和旁人的口舌，而是無比堅定地選擇心之所屬。自然會有困擾，只是她想要的從來都不是活在別人設定的框架之中，而是遵從內心牽

引，無畏地追求自由。也只有自由的人生，才能令她寫出如此灑脫清透的文字。她像飛向天空的鳥兒，即使知道要經受風雷雨電，還是一頭紮進去，去尋找她心中的嚮往。

步步荊棘，步步蓮花。

她不斷地打破自我，重建一個更穩固、更壯麗的精神世界。這需要決心，更需要膽魄，所幸她從未停下過追尋夢想的腳步。在靄靄紅塵裡漂泊掙扎，也在浩蕩山河中奮勇前行，書中的10年，見證了她一步步走向美好。

不必試圖獲取完美而珍貴的東西，當你變得足夠好，那些東西自然就奔你而來。盡情體驗生活吧，體驗愜意、愉悅、迷茫甚至痛楚——換來的，是比金子還要寶貴的人生。

作家／夏至

學會放下、允許和接受，
用感恩的心接納一切

當看完這本書稿後，發現了一位我們彼此不認識、卻像是跨世代的朋友，作者的每一個字都像是替我說出心裡話，呼應我生命中所發生的每一事。

一路走來，在家庭、在事業上，有時孩子就是不肯合作，有時合作的團隊發生了錯誤造成損失，再糾結也無法改變已經發生的事，就像作者在文中所分享的：覺得人生不僅是要好好活著，更要用感恩的心允許及接納一切的發生，好好對待自己，活出富足感的生命，「同時你會發現，其實我們的小日子，真的還不錯。」——這是我喜歡她書裡寫的一段話，和我的人生產生了共鳴。

我自己就是這樣的人，作者寫出了我對人生的感想：人從生到死不過百年，何必為瑣碎的小事傷心煩惱，為旁人的眼光坐立難安，無須為名為利拚命掙扎，更不必放棄心底的熱望，做好一個讓自己滿意、安心、快樂的普通人。

大湖森林設計執行總監／楊愛蓮

撕下標籤，各按其時成為美好

編輯寄書稿給我，說 2 小可以看完，分享一下讀後感。

讀著讀著，我猶豫了，停不下，看不完，很容易不設防，連結到個人的生命經驗。

看著年少成名的作者，描繪生活中的脆弱、糾結和不完滿，以真摯的文字揭露自我生命的淬鍊，在驚喜共感的同時，也不時有著生活在別處的恍然；一邊為之叫絕，一邊看見信念的滋長堆疊。宛若看見成長路上跌跌撞撞的自己，在某個節點暫停、呼吸、調整、前行，長出自己的模樣。

讀到作者原生家庭的對峙和羈絆，職業生涯的創傷與重建，讓近年來致力傾聽陪伴、職場友善的我，有更多的理解與珍惜，欣喜作者重新看見自己，感受到生命中的趣味、好奇，也多了彈性和對人的柔軟關懷。在這樣的文字中，相信每個人都可以找到屬於自己的故事，並在其中找到共鳴和啟發。

閱讀《允許一切》是一場心靈的對話，是一種自我覺察和尋求的過程。許多事情，說著說著，說出了新的觀點、重新框

架;許多的道路,走著走著,走出了新天地,如同作者的牛津治癒之旅,拓展經緯撐起新的高度。

　　走在成為我的路上,作者開啟了不同的可能,在敘述生命故事的同時,定義著自己的過去、也詮釋著現在、想像著溫潤如玉的未來。萬物各按其時成為美好,只要願意,撕下標籤、允許真實、享受生命的狀態,你的美好,由你書寫。

　　邀請你,在作者的故事裡,真誠的喜怒哀樂一回。

漢聲電台《聽見‧讓愛聲華》節目製作主持人
教育電台《國教協作向前行》節目主持人

謝若男

打開自己，永遠坦誠，
允許一切發生

「能夠做到打開自己，永遠坦誠，是一種慷慨，也是作為
一名寫作者的必需。」

前幾年，我受邀去北京人大附中做 TED X 演講，講過這
樣一句話。

兩年後，曉光說，寫寫你這些年的故事吧，或可給年輕的
讀者一些啟發。

曉光是我剛畢業時認識的姑娘，那時她也剛畢業。同為職
場新人，我們一起上下班，一起點外賣，熬過了最迷茫、最艱
苦的歲月。

後來，我們相繼離職。再次相見時，我們都過上了滿意的
生活，算得上「在更高處相逢」。

我總在想，從20歲到30歲，我的生活發生過哪些改變，
經歷過怎樣的淬煉和重生。

回望過去，我更加確信：生活的確需要許多智慧，才能換
來現世安穩、歲月靜好，但只要有一點點的貪心和愚蠢，它就

會立刻變成一團亂麻。

　　我曾深陷「亂麻」之中，進退兩難，卻也都咬著牙，從困局中走出。

　　時間是撫平一切的良藥，困頓不安時，唯一能做的，是給自己一點時間。

　　你要相信，所有疼痛，終會過去。

　　或許旁人看不出，但它留在你心底的山川溝壑，會讓生命越來越有韌性。

　　十年蹤跡十年心，我如實記錄，想給匆促時代的年輕人一點治癒和溫暖。

　　從前不大喜歡將自己的心事攤開來講，所以寫傳記，躲在他人的故事裡抒發自己的情感。

　　2015年盛夏，某篇文章一夕爆紅，微博霎時湧入10000名粉絲，我的第一反應，是刪去過往4000多條微博。

　　我渴望擁有隱私，渴望與人群保持距離，在盛大的名利面

前有甘心後退一步的克制。

第一本書《一生欠安》上市，作者簡介僅一句「現居香港」，讀者紛紛揣測我「年過半百」、「遁世隱居」。彼時，我 21 歲。

一向如此，鮮少發朋友圈狀態，私事不過多提及，回避熱鬧，不熱衷「網紅時代」的濾鏡下的生活，也儘量遠離「虛假精緻」。

改變的發生源於一部愛情劇。

女主角是一位「拼命三郎式」女強人，事事爭先，年紀輕輕就晉升副總。她的男友因無法承受「女強男弱」的差距，落寞地與之分手。後來她遇到另一個男孩，便收斂光芒，自稱「失業的餐廳服務生」，不久身分暴露，她向男孩表白：小時候大家誇我學習好，現在誇我事業好。我之所以努力，就是擔心自己一旦不優秀，就什麼優點都沒有了。我活得很累、很辛苦，花很大力氣去迎合這個世界，害怕大家不在乎我、不認可我，

不覺得我重要。但你不同，你看待事物很單純，從不刻意迎合。你讓我覺得，不過度展示自己，也可以收穫欣賞。就算我引以為傲的所有優點通通消失，你依然喜歡我，喜歡原來的我，而不是那個上進、優秀的副總。

劇中人的心聲，與我若合一契。

我從 10 歲起，在報紙上發表文章，曾收到讀者來信「討伐」；互聯網時代，「網路惡評」變成家常便飯，時有批判文章，時有人身攻擊——既然吃寫作這碗飯，受人審視、評判原是自然的事。

刪去微博，鮮少表達，擔心因觀點不周全、不正確而遭奚落，大約是年少入行養成的小心翼翼。

我很慶幸，能夠遇見接納我全部無知與傲慢的人，讓我擁有勇氣和底氣打開自己，不再逃避，於是有了這本書。

愛你的人，不因你完美。

過去或許稚嫩、莽撞、愚蠢，卻都是一部分的我，我的一

部分。把它們攤開來，揉碎了，放在陽光下晾曬，是一種慷慨，更是一種成全——我終於和那身逆鱗完成和解。

書中坦陳所有脆弱、糾結、不完滿——年少成名的紅利與辛酸，鋒芒太盛以致落難，面對愛情的搖擺和錯付，原生家庭的對峙和羈絆，職業生涯的重創與重生……這本書的時間跨度很長，從懵懂少女到年近而立，有偏執，有迷惘，有劇痛，和書頁前的每一個你一樣。

「水千條，山萬座，我們曾走過。」所有堅持，終將美好。

我尊重過往的一切，走錯的路，說錯的話，愛錯的人——是他們，成就了此刻的我。

這一次，我只書寫自己，以赤誠，以慷慨，以慈悲。

你可以把這本書當成女孩的枕邊細語，碎碎念著這一代人獨有的煩惱與領悟，它因為徹底真誠，而值得被留在你的書架，陪你度過某個孤寒的深夜。

感謝我的閨蜜、青年作家夏至為我作序，用文字呈現更加

真實、完整的我。

　　感謝百萬暢銷書作家李尚龍、老楊的貓頭鷹、慕容素衣為本書傾情推薦。他們才華橫溢，筆耕不輟；優秀的人是一條渡你的河，他們的認可對我意義非凡。

　　感謝因寫作結緣的良師益友：王路、蘇見祈、簡兒、中央廣播電視總台小馬哥、北京文藝廣播主持人靳橋、喜馬拉雅「百大主播」小默、《山西日報》記者安奮偉、策劃編輯常曉光。我所有作品的成績，都離不開他們不遺餘力的支持和幫助。

　　感念每一位讀者，感恩所有際遇，願我在文學這條荊棘路上，永遠毅然向前，永遠熱淚盈眶。

李夢霽

於西雙版納

目次 Contents

Part ❶

允許一切，如其所是

弗蘭克爾在《生命的探問》裡說：

「我們不要忘記，雖然每個人都是不完美的，

但是每個人都在以不同的方式不完美，

每個人都在『以自己的方式』不完美。

每個人雖然都不完美，但卻是獨一無二的。」

找到自己世界的節奏，不去追趕，只去到達。

允許一切發生，是我想要的鬆弛感

算來我「北漂」已是第7個年頭了，回首向來處 ，撞過南牆受過傷，也收過鮮花、喝彩和掌聲，但我總以為，人間是一個巨大的遊樂場，我們在其間闖蕩，不問前程，只為體驗，只為成長，只為盡興一場 ——這就是我想要的鬆弛感。

●● 鬆弛感是為自己的人生做決定

和其他「北漂」不同 ，我來北京是因為離家出走，不是為了追求夢想。

我在廣東讀本科，學校裡九成學生都是本地人。最優秀的一批學長學姐們本科畢業就匆忙「殺」入職場，有人創業當老闆，有人3年做到業務主管，有人常年全球飛、住五星級酒店，令我等後輩好生羨慕。我們深受其影響，堅信「學而優則賈」。

在這樣的文化土壤裡，選擇繼續深造，似乎不是最優解。

4年大學讀完，我無論如何不想在象牙塔裡繼續「蹉跎歲

月」了，各行各業的實習做了5份，只想儘快進階，當上「都市白領上班族」。

但我爸媽都是高級知識分子，非常看重學歷，不遠千里把我從廣州帶回家，按頭讓我複習。

複習了沒幾天，實在啃不動那幾木厚書，年少輕狂，我跟他們倆「道不同，不相為謀」，毅然離家出走，來了北京。

我對生活的態度一向如此，隨心隨性，不屑於活在他人的舌尖上，只為自己做決定。

離家那天起，得失輸贏，苦與樂，才真正有了分野。

人生這盤棋，從今往後，沒人能替我下了。

我在凜冽的北風裏，一夜長大。

●● 鬆弛感是活在自己的熱愛裡

剛來北京，我借宿在表哥家，表嫂臨盆在即，不大方便，

一週後，我搬出來，住天通苑。

三間臥室，我住朝北的一間。房屋很新，但入住後不知為何經常頭疼，後來才知是甲醛超標。

半個多月後，我找到一份出版工作，公司不大，在望京，需坐1小時地鐵，不算遠。

但天通苑居住人口數龐大 ，據說平日每天有50萬人往外，單是一早尖峰時間進地鐵站，就要排隊40分鐘。

公司要求早上9點上班，但如果7點出門，撞上尖峰時間，必然遲到。為了錯峰，我5點45分起床，匆匆洗漱，6點出門，7點半就來到工作地點。

我們在一幢別墅裏辦公，環境宜人，午休時，在別墅區裏溜達溜達，看花、餵貓、曬太陽。

只是周圍小餐館很少，午飯只能常年吃外賣。為了減少開支，我每晚做好次日的午飯，裝在書包裡，第二天帶到公司，加熱來吃。

　　但我其實不太會做飯，打開飯盒，經常發現茄子還生著、雞翅煮鹹、金針菇沒味兒……只能勉強充饑。

　　每逢月底，人事部的同事會在樓頂天臺給當月生日的小夥伴們舉辦生日會。

　　年底開年會，老闆和總監們大方，紅包都奔五位數去。

　　可能因為每天到崗太早，我很快就升職、漲薪。頂頭上司說：「妳是全司升職最快的員工。」

　　我負責的第一本外版書，是托朋友介紹他北大的學妹來當翻譯的。她是第一次當譯者，我是第一次當編輯，最後那本書竟銷售了10萬冊。不斷加印、再版，許多年後還能在書店找到那本書的蹤影，令人欣慰。

　　那時，我的同學們紛紛闖入互聯網行業，月薪是我的兩倍，偶爾相聚，總會勸我入局。

　　雖然我認同工作是謀生，但總覺得人應該在可選範圍內，做自己喜歡的事，奔走在熱愛裡，才能不那麼緊繃和焦慮。

●● 鬆弛感是學會寵愛自己

我總覺得，錢不是省出來的，是賺出來的。

主業駕輕就熟後，我也想著拓寬副業，畢竟經濟基礎決定上層建築，我想讓自己過得更舒服。如果為了熱愛的事業，家徒四壁，食不果腹，那也算不上愛自己。

在朋友的介紹下，我順利進入一家全球英語培訓機構，做線上口譯老師。

彼時我還住在天通苑，因為之前的房子甲醛超標換到了頂層，只有3個鄰居，但室內面積更小了。每晚8點到家，還要做飯，忙完倒頭就睡，只能趁週休二日，從早到晚地上課。

我算了筆帳──因為有了上課費，時間比從前更加寶貴，是真正的「一寸光陰一寸金」。時值盛夏，某個夜晚突然屋頂漏雨，把半張床都打濕，我順勢搬到望京去了。

租金漲了不少，於是我更加勤勉地上課。

下午6點下班，20分鐘到家，不吃晚飯，只當減肥。

我掐著時間6點半準時上線，5節課，11點半下線，嗓子裏像有鍋爐在燒。

那段時間我不再加班，每天都步履匆匆地奔跑在地鐵14號線，我從沒覺得辛苦，只是慶幸不必在天通苑擠尖峰時間。

半年後，我終於攢夠錢，買了一輛小小的雪佛蘭。

愛自己，從來不是縱容自己的懶惰，而是適當自律，為了更廣闊和自在的人生放棄短暫的行樂。

望京的房子老舊，樓層低，有數不清的蟑螂。

睡眼惺忪的早晨，拉開冰箱門、打開微波爐、拎起垃圾袋……牠們無處不在，讓人瞬間睡意全無。

某天傍晚回到家，發現整個社區都停電了。

課也沒法上，鄰居也都沒回家，我坐在床上，想像滿屋的蟑螂向我圍攏而來，把自己嚇得夠嗆。

收拾好小包袱，火速在一家五星級酒店訂了房間，奢侈地

攔了車，半小時後，我已經泡在酒店溫暖的浴缸裡了。

後來和朋友說起，我曾因為害怕蟑螂，花了半個月薪資，在家附近的五星級酒店住了一晚，朋友對我肅然起敬。

我不心疼錢，我心疼自己，何況錢好掙，快樂很難。

大多數人其實並不經常遭遇壞事，倒楣的時候總歸短暫，那就應該在最痛的時候好好擁抱、疼惜自己，否則平日裡哪有那麼多機會，對自己大獻殷勤呢？

你要成為那個給自己雪中送炭的人。

●● 鬆弛感是允許自己停下來

沒過多久，我收到來自行業龍頭公司的邀請。我選擇了跳槽。

第二家公司規模大、制度成熟、組織架構完善，我迅速成長，無論是業務能力，還是職場心態，終於完成從「學生」到

「社會人」的強力轉型。依靠更大的平臺，為今後的寫作事業奠定堅實的基礎，結識了眾多作家和媒體人，他們一直給予我榜樣的力量和無私的幫助。

　　我從沒後悔過當初的決定。這是我職業生涯中非常有遠見的一次跳槽。

　　只是那時我身心俱疲，於是再次出走，提出裸辭。

　　知止常止，急流勇退，縱是在25歲──最適合拚搏奮鬥的年紀，我依然允許自己停下來，坐一會兒，歇一歇。

裸辭之後，我在歐洲漫無目的地遊歷，寫就《這一生關於你的風景》。

　　這本書很不順利，花了將近5年才定稿，卻沒公司願意出版。市場看重「熱度」，我卻像一個老工匠，一字一句打磨手藝，追不上風雲變幻的圖書行情。

　　曾經約稿的編輯紛紛婉拒了我的新書，和我關係最好的一個悄悄說：主編說妳過氣了。

　　從沒當過明星，居然也會「過氣」！

　　我倒是不生氣，寫作是放長線，急不得，做了幾十頁毛遂自薦的策劃案，一邊慢慢物色出版公司，一邊又逐字修訂。

　　對於寫作，我也允許自己停下來，歇一歇。

　　《這一生關於你的風景 》上市後，我媽媽怕我壓力太大，時常來電探問我的精神狀態。

　　我其實很滿意，這本書能順利出版已是勝利，加上身邊的親朋好友解囊支持，不遺餘力地幫我宣傳推薦──我先後做客

中央人民廣播電臺、北京文藝廣播宣講新書——書的銷量一路高歌，攀上新書榜單前十名。

有此成績，我很知足。

更重要的是，我篤信這本書具有長久的生命力。

《一生欠安》寫於18歲，凜冽、桀驁、憤世嫉俗，正是常常在深夜痛哭的年紀。寫愛而不得的女人和輕諾寡信的男人，對待感情，滿紙質問。文字表面克制，內裏盡是激烈、尖銳的對峙。

《這一生關於你的風景》上市時，我快30歲了，餓過肚子，賠過笑臉，見慣別離，飲過苦酒，習得包容和慈悲，懂了世人皆苦。戒了情緒，只把書中人的不得已都剖開來，給你看。

我依然深愛著筆下的人物，但除了鳴不平，更試圖回到「案發現場」，探尋另一種改寫結局的可能——是怎樣的侷限使他們無法圓滿？作為看客的我們又能否倖免？這本書凝結了我此時全部的智慧。

欣喜自己的成長，也能坦然面對所有讀者的喜歡──我盡
力了。

停下來，是為了更好地出發，休息了幾個月，我重返職場。

●● 鬆弛感是不悅人，只悅己

從歐洲回來，進入一家出版社，在這裡才明白，父母當年
按頭讓我考研究所之明智。

我開始暗無天日地複習，準備考研究所。

我想人總是這樣，被迫去做事總是心不甘情不願，若是自
己認定的事，吃多少苦、流多少汗都甘之如飴。

本科畢業時啃不完的厚書被我重新拾起。白天工作繁重，
夜晚焚膏繼晷，終於我以第一名的成績成為中國科學院大學在
職研究生，在讀期間還被評為「三好學生」和「優秀學生幹
部」，在職研究生如期畢業。

　　我搬了好多次家，最終搬到三環裡的一房一廳，沒有了合租的鄰居。

　　不久，我終於買到一間屬於自己的小房子，自此之後，我的租房生涯徹底結束。

　　生活本應進入平穩的軌道，我卻再次裸辭。

　　因出版社業務調整，我調部門去做行政，日常工作包括訂便當、領便當、送便當，負重極限是10盒菜、10盒主食、10個火龍果加10個100ml 優酪乳，持之以恆4個月，胳膊上都練出了肌肉。

　　公司樓下有台不大好用的掃描器，我其中一項工作是一張一張地掃描檔，每掃描5張卡一次紙。

　　500頁的文件，我站在旁邊，5張一接，5張一接，接到第100次就大功告成。

　　嗡嗡聲——紙張從機器「嘴」裡吃進去，又從「腦袋」上吐出來。

我總覺得它吃進去的是我的青春。

工作4年，我熱愛這個單位，喜歡我的主管和同事，它也給予我所有的體面和自由——辦公室和家在同一社區，每天中午能在家午休；薪資與畢業時相比翻5倍，下午5點45分就下班，有時間創作、充電；單位為青年員工提供了很多學習、進修、見世面的機會，我作為青年業務骨幹，講座、培訓、匯演從不缺席。

但這些「羨煞旁人」的外在條件，都抵不過日復一日的庸常。我感覺自己被困住了，不再成長，不再創造，在舒適圈裡畫地為牢。

於是，28歲，衣食無憂的我，辭去光鮮的工作，在就業的凜冬放棄了「背靠大樹」的溫暖。

我走在北京長長短短的街巷裡，看這7年不曾駐足觀賞的「北平之秋」；走進大大小小的博物館，聽穿越千年的琉璃光盞中盛滿的歷史之音；在高高低低的寺廟、道觀，磕長頭祈求

身心清潔，不惹塵埃。

　　我來到彩雲之南的西雙版納，一個人漫步在鬱鬱蔥蔥的原始森林，感受深秋的熾熱與神秘；在吊腳樓裡和傣族少女鍛打一柄雕花的銀梳，聽她講傣族的風俗習慣；進蒼蠅小館點一碗道地的撒撇米線，和廚師聊他心中的「西雙版納美食地圖」。

　　我回到生我養我的故鄉，給耄耋之年的奶奶洗頭、更衣、洗腳。奶奶把我養大，但我以前從來沒有為她做過這些，我更沒有想到，她已然衰老至此……和爸媽一起逛街、吃日料，想帶他們去所有我去過的地方，聽他們講大半生所有的不開心與不甘心，單是陪伴，已是奢侈。與多年未見的老友相見，在時過境遷裡，感受彼此從未改變的真誠和祝願。

　　我想過一種只悅己、不悅人的生活，不求理解，但求無愧於心。

　　在我心裡亦有一桿衡量意義與標準的秤，世俗之見與我無關，孰重孰輕，我自有判斷。

　　有人說，高級的人生充滿鬆弛感。以我有限的閱歷而言，鬆弛感無非是：為自己做決斷，生活在熱愛裡，愛自己並允許自己停下腳步，最終活成自己喜歡的樣子。

　　當你內心足夠篤定時，便不會過度糾結，自我消耗。

　　姐妹們，大方勇往直前。

生活在別處：熱愛可抵歲月長

　　本文作於 2020 年 1 月，整理成書時，回頭看，不禁感慨良多。

　　牛津大學交換生課程分為兩期：一期 1 月 26 日開班，二期 2 月 10 日開班。我們 3 個中國科學院大學的小夥伴，經過層層選拔，終於入圍一期，約好同去牛津大學——數學所的光哥、物理所的東哥，還有公管院的我。

　　想著早點去英國還能玩幾天，1 月 22 日，我和光哥從北京出發，東哥 1 月 23 日從武漢出發。二期大部隊多是來自清華、同濟等高校的同學，他們 2 月 9 日出發。

　　沒想到 22 日，我們倉皇出行；23 日上午 10 點，武漢「封城」；25 日，牛津大學宣布取消二期課程。

　　後來，只有我和光哥，還有其他學校零零星星的小夥伴順利結業，而東哥等大部分學生，因為這場突如其來的疫情，或許一生都沒有機會再去牛津大學進修。

　　疫情發生時，我們正在牛津大學如饑似渴地學習，對

國內情形的了解僅限於手機上冰冷的數字。老師安慰未能
出發到來的同學們：課程延期到暑假。後來課程又延期到
次年寒假，最後直到許多同學都畢業了，也沒有成行。

　　我想這世間，有太多人、事皆是如此，錯過的時候我
們並不知情——有些錯過，即是一生。

●● 相信是一種選擇，傷害也是

　　來牛津大學前，我正在經歷一場非常疼痛的變故。

　　無關風月，只是一些友人間的離齟，或者說，因不辨敵友
招致的惡果。

　　為此，鮮少生病的我大病一場，臥床六個晝夜，幾乎不眠
不食，而後拖著病體，開始艱難的長途跋涉。

　　在此感謝摯友，把高燒昏迷的本獨居青年從停電的出租屋
架到醫院，拿了藥，又扛我回家，安頓我吃完形狀各異的藥片

才走。

　　趕在疫情暴發前驗了血，等結果時在想，何必生氣呢！活著已經很好了。

　　所幸，上蒼厚我，是陰性。

　　年紀漸長，對自己愈發苛責，容錯力持續走低，自認為已足夠聰明，能過濾和遠離欺瞞、背叛、陽奉陰違。不承想，還是會被長久深信的人傷害。

　　無數個午夜夢回，自問何以至此，只得出「輕諾寡信和出爾反爾大約是人性」的結論。

　　人吶，年紀越大越不經騙，因為會陷入瘋狂的自我懷疑——識人眼光之差、輕信旁人之愚，竟十幾年如一日。

　　你會不會也有這樣的時刻：哪怕所有人都說不是你的錯，但無法避免地自我否定。

　　你知道，相信是一種選擇，傷害也是。

　　是你親手遞給對方匕首，然後露出軟肋。

卻賭輸了。

做小孩時以為長大就好，長大後呢？明天呢？

信任原本就難，重建更難，並且在這件事上，沒有人可以幫你。

●● 每一種選擇，都值得被尊重

負重來到牛津大學，此行卻是治癒的。

英國與國內恰好晝夜顛倒，終於得空喘息，不再談論故人舊事。

換了當地號碼，關了微信，整天和牛津大學的老師、助教、學生待在一起，聽他們講隨心所欲的人生規劃，恍然生出一種感動。

人生本不必那麼嚴肅。

公共演講課的老師年逾花甲，舉手投足都是英國紳士的風

範。從牛津大學本科畢業，去當園丁——不是教師，而是田間蒔花弄草的真正園丁。他講起植物的藥性頭頭是道，只因喜歡。後來他經歷了辭職讀書、創業等奇遇，56歲換了工作，來牛津大學做講師。

助教威爾20歲出頭，會幾種語言，在許多國家生活過，待膩了，就換一個城市，有時在酒吧當調酒師和服務員，有時做學校助教和HR。他計畫4月去倫敦，我問他去做什麼，他說「I have no idea（我不知道）」。

講莎士比亞的女老師，30歲辭去小學校長的職務，重返牛津大學，拿了4個博士學位，她笑稱：我只是喜歡讀書，或者喜歡收集學位罷了。

沒有「在什麼年齡做什麼事」的限制，沒人規定你應該讀大學、結婚、養孩子、還房貸。

沒有「你應該」，只有「我喜歡」。

只要在做自己喜歡的事，就是美滿的一生；如果能對社會

有一點貢獻，那就是很大的成功。

而我們有太多人，被世俗和偏見裹挾著向前，以為符合主流的選擇就是正確的，可是，過別人眼中光鮮優渥的人生，是你真正想要的嗎？

這是你的人生，為何要被別人的目光和口舌決定？

我中學時看過一部小說，裡面寫：「這是我自己的選擇，是對是錯，我自己擔著。」

如果可以，請像那句歌詞所寫的：「保持本色和少年的心氣。」

知易行難，面對社會時鐘，面對不斷催促的親友，假如每個人都能更加堅定一點，我們或許可以改變這個時代，擁有一個更加寬容的、不被世俗眼光所囚禁的社會語境。

每一種選擇，都值得被尊重。

只要堅持，總會到達。

● ● 生活在別處

在牛津大學，身邊的同學大多是來自五湖四海的本科生，「00 後」居多，有的還未滿 18 歲，酒吧都進不去。和孩子們朝夕相處，驅散了我連日來心頭的陰霾。

他們的想法簡單，不設防，待人接物沒功利心，自由美好的大學生活徐徐展開，這正是無憂無慮的好年華。

他們甚至不必期待未來，因為他們本身就是未來，就是希望。

有關職業的社會身分完全消解，沒有人關心你在哪工作、婚否、買房否、升職否、年薪高低，每個人都有一雙渴望知識、貪戀風景的眼睛。

在這裡，你可以重新認識自己，定義自己，調適或者打破自己。

不必畏首畏尾，不必為人生設限。

　　正如一直自視為重度「社恐」患者的我，在學弟學妹眼裡竟然非常擅長社交；又如誰能想到，我在全球頂尖教育機構做了4年口譯老師，情急之下還是會結巴，交流全靠比手畫腳；曾與巴黎、芭達雅的小偷鬥智鬥勇的經歷，助我在大英博物館背後的小巷裡，一邊與朋友唾沫橫飛地吹牛，一邊識破了偷我包的賊，反應之敏捷把賊都嚇了一跳，一如既往地貫徹我的「人生信條」──騙我感情可以，騙我錢的絕不姑息。

　　牛津市長的講座結束之後，我拉著他提問，他說聽了那麼多市民的抱怨和投訴，我是為數不多對他表示感謝的公民；梅根博士來上第一節課時把自己反鎖在洗手間，我去喊來領隊才把她解救出來，開鎖用的竟是一張信用卡；帥氣的擁有牛津大學學士學位的英國領隊曾經被酒吧開除，並被終身禁止進入酒吧……

　　荒唐的、有趣的、匪夷所思的事太多，滿足我關於「生活在別處」的全部想像。

　　你看人間如此生動，不必為不值得的人、事、物花費心血，也不必因任何污濁和不堪而懷疑自己，要把時間浪費在美好的事物上。

　　趁還有能力做夢，好好思考「想成為的自己」和「想要過的生活」，然後一點一點努力實現它。

　　活一世，不要白白為人。

　　無論人間值不值得，你都值得。

年輕過，迷茫過，我對生活一往情深

●● 我終於放過自己了

2018 年我從歐洲回來，報考中國科學院大學的研究生；2019 年 6 月公布了「擬錄取」（指招生院校經討論後確定的初步準備錄取錄取名單）名單，我的總分位列學院第一名。

努力總算沒有白費。

看了場 CBA 四分之一決賽，上回看現場還是和我爸一起，在太原，馬布裏還沒退役。

連著幾個週末逛了北京的公園，玉淵潭的櫻花節、植物園的桃花節，都恰逢其時，雖是人山人海，但良辰美景，也算不虛此行。

打卡美食榜單，吃到據說是全北京最好吃的粵菜、湖北菜、臺北菜、羊蠍子和串串香，喜悅更多來自與老友相聚。

看人藝老戲骨演的《哈姆雷特》。謝幕時，胡軍從幕後一身颯爽地跑來，恍然有種「是喬峰啊！」的穿越感。

　　學會了幾道新菜，廚藝從家常素菜進階到小試葷菜，也可以勉強張羅著幾口人吃飯。

　　倒春寒裡，帶我媽去泡溫泉，和老同學去紅螺寺求籤，趕在閉館前的最後一天看吳冠中畫展，與在巴黎屢屢奇妙偶遇的校友重逢，花兩個小時從北城到南城找閨蜜談心。

　　當然，在種種「不務正業」之外，也有一份值得珍視並努力為之創造價值的工作。畢業3年，「去上班」終於變成一件值得期待的事。

　　2019年的第一季，充實且自在。

　　「我終於放過自己了！」

●● 日子是自己過，鬆弛與否，眉頭知道

　　熟悉我的讀者大概猜得到，我不是容易快樂的人。

　　20歲後，被生活推搡著往前走，主調是聽天由命。

　　當你在不知不覺中接受了「苦才是生命的常態」時，本身就是挺辛苦、挺危險的一件事。

　　我花去 5 年的時間，才重新學會愛自己。

　　不攀比──「穿香奈兒才顯得高級」，不在意別人眼裡的模樣──「25 歲買房買車就能惹人羨慕」，不追求旁人口中的體面──「有一個『高富帥』做男朋友才值得向閨蜜炫耀」⋯⋯

　　這些都太過表面，只能帶來短暫的快感和榮耀，日子是自己過，舒適與否，鬆弛與否，心知道，眉頭知道。

　　我寫公眾號（類似於網站，定位為公眾平台），不煽動情緒，不鼓吹勵志，不幫你分析「有下述表現的男友不能要」，也不呼籲年輕女生榨乾青春買口紅、買包。一來我自己也沒活明白，再者我過著低物欲的生活，實在沒覺得那些有多重要。

　　親愛的，心外無物，善待自己，才是一生浪漫的開始。

　　「內卷」時代，我想和焦慮的年輕人分享兩句話，這是我寫在檯曆上，時時提醒並寬慰自己的話語。

其一是，任何事情都不止一種解決方式，別逼自己；其二是，只有事業、愛情、父母、朋友、健康、財富各方面都良性發展，才能得到真正的快樂，快樂是平衡，而非捨棄任何一項換取其他。如今，我對「變化」有了更大的接受力。

接受萬物皆變，此刻的想法和心境，可能在下一秒就改變，關係也好，態度也好，皆如是。

我寫《一生欠安》時，替原配們鳴不平：「曾經的誓言都是謊言嗎？」現在逐漸理解，人的想法總是會變的，只要誓言在說出口的那一刻發乎真心，就請珍惜時間善待彼此，即便「等閒變卻故人心」，但曾經擁有過赤誠，也就沒什麼可惜。

悲觀不是薄情，是更加珍惜眼前人。

我總希望有一個人，能讓我在抽獎抽中雙人話劇票時，不用把另一張賣掉；休息時可以陪我一起逛逛奧森公園；當我從餐廳洗手間回來時，不會發現餐具已被服務員收走……

我一個人，已經太久太久了，一個人吃火鍋、看電影、旅

行、動手術。

涉過漫長的孤獨，我對旁人沒有要求，也不寄希望，正如我對自己也不設標準——身體健康，時常開心，過好一個普通人平凡安穩的一生，已經很好了。

我們所有的努力，最終都是為了好好生活。

正能量帶給我們的真正意義

剛入職場，我旁聽過一場對談。

一名心理醫生給一位出版前輩做心理諮詢，兩位女性年紀相仿，氣質迥異。

前輩是女強人氣場，冷傲孤清；心理醫生慈眉善目，未語笑先聞。

兩人都是在職場上殺出一片天的女性，自是惺惺相惜。

當心理醫生談到「校園暴力」這一話題時，女強人沉默了。

　　良久，她說：「在學生時代，每個班裡總會有一個女孩，莫名其妙地被孤立。她相貌平平，不至於醜，成績不差，脾氣也不壞，是一個沒什麼存在感的普通人，卻沒人把她當朋友。」

　　她微微停頓：「我就是這樣的女生。我有過許多惡毒的外號，多年以後回想起來，仍覺痛苦。」

　　「現在妳不笑的時候，也有種拒人千里之外的感覺，看起來很高傲。」心理醫生直言不諱。

　　「是的，除非在安全的環境裡獨處，我才會鬆弛下來。」

　　「妳讀書時，表情也不豐富吧？」心理醫生問。

　　「是的，我父母是軍人，在家講話就像彙報工作。小時候我大笑，他們會說，女孩子不要嬉皮笑臉，後來我就習慣了嚴肅緊繃。」

　　心理醫生拍拍她的肩膀，說：「有研究結果表明，人類是先有狀態，後有情緒：因為你哭了，所以你難過。如果你想擁有好情緒，無論如何，先給自己擺出一個笑容，你會發現，你

的心情很快就能變好，這就是正能量。」

有時，我們會在某一個時間點，突然地長大，突然地覺醒，突然地知曉了某個真相，讓原本無意義的時間刻度，成了一道分界線。

原來，不是妳的情緒決定了妳的狀態，而恰恰相反。

妳想開心，就先笑；想讓上司、家長、丈夫開心，就先衝他們笑；妳想讓日子沒那麼難搞，就先在難搞的日子裡笑出聲來……

我終於理解《三傻大鬧寶萊塢》裡，為什麼男主角遇事總會拍拍自己的心臟，說「All is well（一切順利）」。因為我們的內心都很脆弱，要學會去哄它，不管遇到多大的困難，都要告訴你的心，一切都好。之後，事情就會在不經意間慢慢向好發展。

同理，如果妳想做職業女性，就把自己從頭到腳地裝扮起來，先改變外在，日複一日，妳的思維和情緒等內在部分，也

會朝著妳想要變成的模樣漸漸靠攏。

　　這是正能量帶給我們真正的意義。

●● 不必焦慮未來，命運自有安排

　　21世紀，幸福變成了*毋庸置疑*的剛性需求（Inelastic Demand）。

　　時代熙攘，倒逼我們發展出新生的內在力量。

　　長期處於抑鬱、焦慮之中，患癌症的風險會急劇增加。我們沒有時間悲傷太久，而及時化解不良情緒，在過去的傷痛與當下的生活間，豎起一道堅實的屏障，成為我們必需的能力。

　　聽《邏輯思維60秒》時，有句話令我印象深刻：

　　過去，我們相信認知源於事實；現在，認知本身就是事實。

影響我們的，不是事情本身，而是我們對它的認知──灑去半杯牛奶，是惋惜失去了一半，還是欣喜仍剩下一半？

心態不同，結局迥異。

不相信自己可以掌握幸福的密碼，才把一切交給宿命。

大三時，參加保研夏令營，「營友」推薦的《吸引力法則》被我一度奉為圭臬。

後來參加考試，上了考場，一時緊張，忘記老師講過「邊做題邊塗卡」，而是先做完，才趕著塗卡。走出考場，我甚至不記得多少道題沒塗。

等成績的日子裡，遵循「吸引力法則」，我每天盼著通過，結果不僅順利通過，還意外得了高分。這讓我更加堅信積極和樂觀的力量。

人活一世，信著點什麼，總歸是比較好的。

對宇宙天地的敬畏，對自我之上能量的信任，常使我心安，不必為未來焦慮，命運自有安排。

●● 學會給自己鬆綁

　　積極心理學「心流理論」的發表者——教授米哈伊提出過這樣的觀點：對自我意識的掌控，決定了生活的品質——這也是他反復提及的創造幸福的秘訣。

　　幸福，源自內心創造現實的能力。

　　人必須得掌控點什麼，才會有幸福感。

　　可是，能掌控什麼呢？

合租屋裏烏煙瘴氣，項目遲遲無法推進……這些都無法掌控。能控制的，只有內心。

我們無法決定事情的發生，只能決定它對我們的影響。

能否幸福，最終取決於我們的頭腦如何過濾和解讀。

讓這些解讀正面、健康、積極，才是有意義的。

人活著，最緊要的是開心。

心理學家認為：在我們的日常生活中，開心和不開心的比例至少達到3:1，才是一個健康、幸福的人。

如何讓自己開心的時間達到人生的四分之三？

我私藏的三條法則，與大家分享。

其一，相信自己認知的能量，駕馭失控的頭腦，用覺知和行動塑造你的思想，而不是被它的瘋狂和偏執所左右。通俗來講，就是遇事不鑽牛角尖，與自己平和地對話，相信理智可以戰勝情緒，而不是做情緒的奴隸。

其二，與過去和解。我曾以為，與過去和解是對他人的寬

宥和原諒，其實不然。傷害過你的人，不會因你的仇恨和怨懟而感到一絲不安。既做得出，想必不覺有愧，只有你把自己綁在過去的傷痛裏，畫地為牢。所以與過去和解，不為救贖別人，是為自己。

給自己鬆綁，得到一次「恢復出廠設置」的機會，重新擁有幸福。

其三，保持內心的寧靜。過度的開心和傷心都是極端，所有極端皆短暫，絕無長久，只有中庸的平靜可以持久，也只有在平靜中可以專注。

書籍、音樂、電影、冥想、舞蹈等，都是通往人類寧靜內心的路徑，我們需要做的，是找到最適合自己的那條路。

•• 發自內心地對自己好

「愛自己」不是一句空話，「快樂」也不只是一個定義。

它們不抽象，是具體、腳踏實地、發自內心地對你自己好。

如果你不知道怎樣才算「愛自己」，不妨堅持去做一些愉悅自己的小事。比如每天清晨喝一杯蜂蜜水，每晚睡前溫水泡腳；週末不睡懶覺，去看一場不為發朋友圈的春色；頸椎疲勞的午休時分，不聊八卦，下樓曬太陽；買一些讓身體舒展的衣褲和鞋子，每個週末穿，解放工作日裏在緊身衣和高跟鞋裡的自己；健康地控制飲食，但留點餘地，允許自己偶爾吃一頓不在乎卡路里的美食；買一束漂亮的花，點一盞茉莉香的蠟燭，看一場縱情大哭的電影，認識不同領域的新朋友，多花點時間回家陪陪爸媽。

你要相信，你對生活用了心，它一定會回報你。

願你擁有幸福，學會創造幸福，永遠對生活一往情深。

傾盡一生，用力活著

●● 我決定給自己一點時間

畢業那年冬，來京，彼時的冬天比現在更冷，霾也更重。

做了編輯，對這個行當沒什麼概念，談不上多少深情，只是機緣巧合罷了。

仔細想來，這兩年，種種如意與不如意，竟皆是機緣，少有自主選擇的結果。

做學生時，看《誰的青春不迷茫》，同伴深感共鳴，但我的迷茫期似乎要晚一點，潛伏期也更長，直到畢業後才發作。

不迷茫的原因很簡單：從高二起，我就對世俗定義的「過一個好的人生」深信不疑，並以之為準繩。

我從未質疑，考一所好大學、找一份好工作有任何不妥。

有人天生喜歡對抗命運，我不是。

順勢而為挺好的。

《舌尖上的中國》有一集講醃臘肉：醃臘肉不能急，要等

一個冬天那麼久，這是時間的饋贈。

年輕時，不願相信時間的力量，總想跑得更快，以為努力拼搏就能人定勝天。有時等一等，其實挺好的。

恩師李響常對我說：「不要緊，慢慢來，有時等待也是最好的安排。」

●● 沒有熱愛是挺可怕的一件事

回想這兩年的迷茫和不悅，大多因為沒有自己做過選擇。

第一份工作，是聽聞一個編輯朋友說公司缺人，我正好在京簽名銷售自己的書，於是第二天就入了職。

第二份工作，是新任主管在飯局上偶然聽說了我，就把我從第一家公司挖了過來。

入行入司，我甚至連一份合格的簡歷都沒有。

各種際遇晴雨，逆來順受。

沒有熱愛是挺可怕的一件事。

每天工作8至10小時，機械地重複，讓人毫無熱忱。尤其是我們這行，夕陽西下，累死累活，薪水微薄。

老同學替我著急，天天給我介紹互聯網的工作，說我「完全沒有現代女性知識分子的形象」。

●● 學會為自己做決定

　　如果在2018年，我值得肯定的成長，大概是終於為自己
做了一次決定：裸辭旅行。

　　走進副總辦公室，我對「出了這扇門之後做什麼」毫無想
象。大概率是賦閒在家，把這些年缺的覺一併補全；又或者開
一間民宿，成全骨子裡的「文藝病」；也許用一兩年時間周遊
世界，花光積蓄，再重回正軌。

　　之後，我打包行李回太原，裝修好我的民宿準備開張；在
語言不通的柬埔寨，誤以為司機要打劫我……

　　生活處處是陰差陽錯，啼笑皆非。

　　最終，民宿變成了我媽的練功房，周遊世界的腳步只踏出
一站。我重返北京，在一家出版社重操舊業。

　　不同的是，這是我唯一規規矩矩投簡歷，經過筆試、面試，
順利入職的單位，不再是機緣巧合。

　　我終於認同，身為編輯，體面且有趣，我也終於進到心儀的單位──和善有序，少有焦慮感和撕裂感。

●● 用力活過，無畏改變

　　「用力活過」，是一個概念過於寬泛的詞。

　　我理解的「用力活過」，是在自己有能力選擇的事情上，努力靠近更想成為的模樣。

　　而第一步，是選擇。

　　改變總是很難。

　　我剛來北京時，出租屋甲醛超標的問題還未被曝光，房子剛裝修完5天，我就入住，經常頭疼。

　　8平方公尺，朝北。同一屋簷下的兩戶鄰居知我在家寫稿，把所有快遞都寄回家，讓我幫他們收。

　　快遞小哥一兩個小時敲一次門，讓我無法安心寫作。

　　儘管有那麼多不如意，我還是住了很久，並未立即搬走。

　　在公司，當我已做出小小成績，主管依然會因我「午飯吃了20分鐘，沒在工作位置坐著」，而歇斯底里地咆哮「有沒有資格做一個編輯」，我也忍了很久。

　　那時每月到手的錢，不過5000元（台幣約22000元）。

　　錢少、活多、離家遠、不開心，彙集了所有「90後」辭職原因的關鍵字，我卻遲遲沒有請辭。

相比於痛苦地堅持，做出改變總是更難一點。

因為改變意味著未知與風險，也意味著否定從前的所有選擇和努力。

可是，不想改變，就永遠疼痛。

我花去兩年半的時間才終於明白，聽從命運安排，未必能順風順水。

一個平凡人的反抗，不是對別人，不是對世界，只是對自己，對固有的習慣、舒適、惰性做出反抗。

新的一年，選你所愛，愛你所選，無懼等待，無畏改變。

傾盡一生，用力活過。

與自己的平凡和解

很小的時候，身邊人就說，我在寫作方面很有天賦，我深以為然，並以「才女」自居18年。

翻開族譜上溯，我爺爺就寫書，爸爸在家鄉的文壇也曾是「夜空中最亮的星」，媽媽是省刊高級編輯。

我不負眾望，10歲寫就一篇稚嫩小文，發表在報紙上，從此一發不可收，嗜文成魔。

平生最大心願，是舉辦一場鑼鼓喧天、鞭炮齊鳴、紅旗招展、人山人海的簽售會；登上熱搜：青年作家——李夢霽。

22歲終於實現了，在南京一所高校簽售，600人的禮堂，座無虛席。

簽售會散場時，我為之大哭。

我笑稱「十年磨一劍」。

●● 夢想漸行漸遠，人生如夢

　　初中時多愁善感，為人尖刻，大抵是對「林妹妹」中毒匪淺，歆慕心高氣傲、弱柳扶風的氣質，出言吐語不留情面，自以為是深刻。

　　語文老師惜我才華，畢業評語：年少輕狂。

　　甚有大俠風範，我頗以為傲。

　　高中懂了人情世故，待人接物笑容可掬，無非是想要得到認同。

　　高中畢業後，筆下的文字越來越悽楚，故事越來越悲情，卻無人問津。

　　投稿如雪花，零落成泥碾作塵，沒有香如故。

　　唯有一家特約專欄，依然不離不棄地刊登我小眾的隨筆。

　　夢想漸行漸遠，折成消瘦的相思，經年不曾入夢。

●● 在別人的故事裡，真誠地喜怒哀樂

大學是我最不堪言的時代，也是成長最快的幾年。

恃才自傲的本性和玩世不恭的態度終致行差踏錯，差點被那所重點本科院校勒令退學。

心有戚戚，難與人道，唯有蚍蜉撼樹之感，無力回天。

我於是放棄寫文，回歸了普通的大學生活。

按時上課，敬畏導師，三餐按時。

和朋友聚餐，因曾給美食專欄撰文，對美味佳餚頗有心得，總能帶大隊人馬覓到物美價廉的地道小吃；結伴出遊，因曾參加過專業的攝影培訓，總能幫小夥伴拍出美美的相片；擁有細膩敏感之質，竟成為最好的聆聽者。

我曾睥睨天下，自視才高，殊不知每個人都有流光溢彩的鋒芒與不為人知的心傷，生活遠比想像中疼痛，人心遠比意念裡純潔。

我終於不再與自己的平凡為敵了。

歌裡唱道：「我祈禱擁有一顆透明的心靈和會流淚的眼睛。

給我再去相信的勇氣，越過謊言去擁抱你。」

張愛玲言：因為懂得，所以慈悲。

悲憫，是世間最動人的情懷。

因異木棉的盛開而喜悅，為閨蜜的親人故去而潸然，在別人的故事裡，真誠地喜怒哀樂。

●● 你的才華，不及你的溫暖

立秋時，收到一封來自公眾號編輯的郵件，說我文字很好，擇期推送。

那是夜晚 9 點的廣州，我結束兼職回校，倚著公車窗，聽著《 Drenched 》。

望向窗外，萬家燈火霎時化成一片深深淺淺的光暈，沒人

懂我執著後的清然。

　　後來成為專欄作者，交了些從前只聞其名的同道文友，收到五湖四海讀者的來信。

　　人生苦短，我只怕來不及做想做的事，來不及好好愛這個人間。

　　少時喜歡《Becoming Jane》（《成為珍・奧斯丁》），想成為另一個珍・奧斯丁，豔羨那樣的女子，像男人一樣戰鬥，鬥得過世界，贏得了生活。

　　20 歲之前，倔強狂傲而偏執，不懂生活。

　　當我靠近身旁的人，擁抱他們的陰晴圓缺，疼惜他們的悲歡離合，我開始變得柔軟。

　　黃昏時，看列印店老闆家的小朋友口齒不清地背《江楓漁火對愁眠》，恍然很感動——終有一天，我也要安定下來，溫潤如玉。

　　從前，我希望旁人眼中的我，滿腹經綸，才華橫溢。

　　如今，我更希望他們說——你的才華，不及你的溫暖。

　　做一個柔軟的女子，明眸皓齒，顧盼間，雲煙四起，傾國
傾城。

日子是一程一程的

●● 我的生活有一種富足感

前兩天，和一個編輯朋友聊天，他無意間說，我覺得妳很有錢。

我欲哭無淚。

回想起來，似乎常有朋友認為，我生活優渥，衣食無憂，擔得起「有錢」二字。

承蒙謬讚，我其實只是一個最普通的年輕人，拿著正常的畢業生的起薪，偶有不誇張的稿費。

錯過紅利期，雖因《一生欠安》被貼上「新媒體時代最炙手可熱的專欄作者」的標籤，但我從自媒體上的獲利，卻屈指可數。

多是為人打工而已。

我在微博發過一篇文章——《純文學寫作者的生存之路》。

大約是在我人生中最低谷時寫就的，摘錄一二。

　　生存在速食文化的時代，逆流而上，大不易。

文字變現，善弄文字的人急著依憑寫作躋身更高的階層。

誰還用文字探索人性？

純文學是理想，理想不是飯。

　　儘管號稱「暢銷書」，但它帶給我的總收益，不過四位數。

　　剛畢業，無收入，半根油條撐一天，還要人前光鮮地簽售。

　　空蕩蕩的大堂裏，我一個人講《純文學的生命》，只有肚子裏的半根油條咕嚕嚕地回應。

　　走進社會，父母的銀子，不好伸手索取，又自視才情足以糊口，自是不會繼續飯來張口地寄生。

　　現在看來，當時充滿戾氣和厭世氣度。原因是我跨出社會的第一步，走得艱難而不幸，幾乎是摔在了起跑線上。

　　朋友們多多少少也猜到，李夢霽遇著事兒了。

　　這個事兒，估計不小。

磕磕絆絆地成長，跌跌撞撞地過活。

誰沒掉過生活的深坑呢？

那麼，為什麼我看起來很有錢？

或許是因為，我的生活有一種富足感。

●● 為體驗花錢，掌握通往富足的鑰匙

上大學時，師姐說我看起來「像無憂無慮的小孩」。

她看到我背包旅行，去賞四季如春，去看冰天雪地，去荒郊野嶺，去繁華廣廈。

她看不到，我打很多份工，因為渴望實現更多夢想──想趁年輕有閒去看世界，自然需要超額付出，所得必有所失。

週末不睡懶覺，早上 6 點起床，風雨無阻地去輔導機構教英語；勤勤懇懇地學習政策、熟悉業務，成為人才市場的「十佳櫃員」；白天認真聽講，拿獎學金，深夜挑燈寫稿，賺稿

費……睡過人民幣15元一晚的青旅床鋪，穿過100元一雙的運動鞋。那些落魄和辛苦，只是不足為外人道。

「無憂無慮」，是因為心中有方向，腳下有道路，所以只顧埋頭走。

不為虛榮心買單，活了二十幾年，沒有一件奢侈品，青衫幾件，夠穿夠換，零星首飾，偶爾打扮。

在我的帳單裡，有形的物不多，無形的體驗卻很多。

我鍾情旅行，幾乎用盡全部積蓄。22歲，一個人幾乎把中國走遍。

在沙漠看一頭將醒未醒的駱駝；在原始森林呼吸淺淺的松香；在草地上，打一個不為人知的小盹；在海灘，寫下一個暗戀的男孩的名字。

我更樂意用買名牌衣褲的錢，在好酒店住一晚；把買包的錢拿去吃一頓珍饈美味。

或許這些在旁人看來，都不如買奢侈品顯得更富足、高端、有品位，但它們讓我積累了更多對生活的情感，而不僅僅是對金錢的情感。

還有那些在旅途中遇見的趣事和好友，無法明碼標價，卻裝進一個人的氣質裡，久久沉澱。

正是這些體驗，讓我輕鬆、愉悅、自由，也讓我更愛這個人間。

當你習慣了為體驗花錢，就掌握了通往富足的鑰匙。

因為富足不只關乎經濟，更在於心態。

●● 長線投資，讓生活有節奏與期待

初入職場，和許多人一樣，第一件事是辦信用卡。

脫離了學生時代，擁有穩定的經濟來源，「花明天的錢，圓今天的夢」的行銷太動人，我不能免俗地投身借貸大軍。

剛上市的蘋果手機，輕輕一刷就入手，往後每月不過還個零頭，誘惑著實難抵。

於是習慣透支，習慣借用。

大到父付半年的房租、出國旅行、買車，小到聚餐、買書、剪髮，悉數刷卡。

最終，因為信用卡消費實在方便，難免超支，到了下個月，所有薪資全用於還款，有時還會賒欠。欠款部分每天產生違約金和利息，利息又生利息，數額像滾雪球一樣越來越大。

月複一月，徹底陷入惡性循環，淪為「月光族」。

BBC 紀錄片《無節制消費的元兇》將這種支付行為稱為「信用卡的無痛支付」。這種「借用」思維極易導致貧窮，因為你根本不知道，自己花了多少錢。

行為經濟學大拿、哈佛大學教授塞德希爾·穆來納森花去幾十年研究「窮人和貧窮的本質」，提出「稀缺心態」的概念。

具體而言，稀缺心態有三種表現：一是只顧眼前行樂，忽

視對教育、健身、讀書等長線回報項目的投資;二是透支未來,不停借貸,直到超出預期、超出能力邊界;三是消耗頻寬,擔憂和焦慮占據了大量時間和心思,無法享受生活。

他說:「當我們被稀缺心態俘獲,就無法專注於發展。正如一個饑腸轆轆的人,不會想著如何享受生活,只想快去找東西吃。」

如當頭棒喝,醍醐灌頂。

自此以後,我及時扭轉惡習,停用了信用卡,養成記帳的習慣,漸漸擺脫「月光」。

對每筆出入帳瞭若指掌,清楚自己經濟實力的邊界,生活自然有一種通透的富足感。

不攀比,不虛榮,不透支,不借用,只做力所能及的事,只買付得起的東西,避免掉入消費主義的誘惑陷阱。

同時,我開始用一部分錢來學英語、練瑜伽,短期之內或難見效,但經年累月,必將受益匪淺。

　　這些長線投資讓生活有了節奏與期待，而不只有眼前的焦慮和苟且。

　　把人生展成一幅長卷，與生活貼得更緊，自在而深情地活著，像一棵樹、一朵花，日子總是一程一程的。

其實我們的小日子，真的還不錯

當然，這篇文章並不致力於教大家「怎樣看起來有錢」，人生苦短，不必打腫臉充胖子地裝模作樣。

富裕時，投資體驗，投資成長；拮据時，不做無謂的抱怨，勤勤懇懇去掙；在日複一日的流年裡，不攀比，不自毀，腳踏實地，走好眼前的路。

做到這些，你會呈現出一種由內而外的富足感。

當我走過低谷，褪去戾氣，把生活交付給平淡的拚搏、專注的感動時，所有好運，不期而至。

其實我們的小日子，真的還不錯。

當你對外呈現的，不再是張牙舞爪、焦頭爛額、急功近利，這個世間自會好好待你。

慢慢相遇，得到就珍惜，失去就忘記

我們這一生會遇見許多人，
但真正美好的相遇少之又少。
喜歡就爭取，得到就珍惜，失去就忘記。

好好愛自己，是教別人如何愛你

●● 基於深情，不願妥協

收到請柬，帆要結婚了。

她給我發消息：「結婚物件是個和我『臭味相投』的人。長相傻傻的，可我覺得很帥；小毛病不少但人很善良；了解我的缺點，目前還沒嫌棄；可能沒什麼大作為，但毫無怨言，一直在努力。我們相伴7年，正式打算成個家了。你知道的，還是大學那個，沒再換過，我們都比較懶。」

我想她一定很幸福，才能寫下這樣樸實無華卻動人的話語。

我羨慕帆，不僅因為從今往後，煙火歲月，有人陪伴左右，我更歆慕兩人心甘情願被對方馴服，甘願割捨一部分的個性、隱私與未來。

到如今，四捨五入已算邁進三字頭的年紀，真真假假，也見過許多愛情的面目，不能久處不厭，無法步入婚姻，大約是

不願妥協。

　　哪怕基於深情，仍不願妥協，更不會妥協於「世俗」、「合適」、「催婚者」。

　　儘管心知肚明，那麼多人走入婚姻，未必不是想找個條件差不多的人搭夥過口了。

●● 敢於不完美

　　狐狸對小王子說：「如果你馴服了我，我們就互相不可缺少了。對我來說，你就是世界上唯一的了。」

　　馴服就是製造羈絆。

　　憑藉羈絆，我們才找到遺落人間的肋骨、補全缺角的拼圖，治癒與生俱來的孤獨。

　　可是總有一種人，無法放棄對這個世間的好奇與熱望，無法放棄棱角，他們用這些棱角去探索更大的世界，也刺傷了近

旁心生安定的人。

在大學時，王公子對我說：「你是河流一樣的女子，但多數平凡人，只想找個人過日子。」

人對自己的認知，大約需要終其一生，不斷推翻重建，才能無限接近真相。

所以王公子在我這個年紀領證，我仍孑然一身。

身旁有些同學想得通透，在追尋「100分」和「80以上」之間果斷選擇後者。

就像小時候考試，考100分的小孩總歸要付出考100分的代價，欲戴王冠，必承其重，而「考80分就好」的小孩一定會更開心。

不逼自己，適當容錯，面對世界，擁有後退一步的得體。

可是總有那麼一小部分人，學不會「不考100分也開心」。

敢於不完美，其實是一種更容易接近幸福的品質。

可惜有人終其一生，都沒能學會。

●● 敢於不完美

　　三毛寫：如果有來生，要做一棵樹……非常沉默，非常驕傲。從不依靠，從不尋找。

　　感謝家人、朋友一直以來對我的支持和包容，讓我至今仍保留野性、天真和自由，從未被任何人馴服。

　　這不知算不算是一種幸運。

　　本科實習，輾轉 5 座城市，花 4 年時間走遍中國，幾乎都是一個人。

　　孤身「北漂」，憑性情換工作，大齡回爐求學、留學，在可預見的將來，或許還會讀博，又或赴香港。

　　年齡、社會角色、世俗眼光，都不能限制我對未來的想像，我有清晰的規畫，並堅定不移。

　　閨蜜講，只是還未遇見能讓我打破自我規劃的人罷了，若遇上，必然有所取捨。

當然也有人不肯為任何人打破自己的規劃。

好友最近終結了十多年的感情，工作繁忙，只能抽空醉生夢死。

傷心的不是分離本身，而是在對方未來的人生規劃裡，並沒有他。

我見人思己，三省吾身，對未來的設想，除了自己，似乎沒有過其他人。

若有人講，我在他的未來裡，我大約只覺惶恐。

我會擔憂該如何行走才能符合對方的預期，偏生我又是一個不走尋常路的另類者。

縱使真心傾付，也無法跟隨另一個人的夢，因為對我這樣的人而言，放棄自我，太難了。

提著過往走向人群，尋找合適的位置安放自己。

孤單的人彼此親近，拔下銳刺依偎取暖，並肩同行。

不忍或不願拔刺，只好生人勿近。

●● 好好愛自己，是教別人如何愛你

我很喜歡楊千嬅在《再見二丁目》裡唱的：「無論於什麼角落，不假設你或會在旁，我也可暢遊異國，放心吃喝。」

這可作為我這些年不失灑脫的寫照。

11月初我收到了牛津大學的邀請函，12月初辦妥了英國簽證，要啟程出發，成為一名牛津大學的交換生了。

我始終相信，好好愛自己，是教別人如何愛你。

未來無法預料，也許遇見另一個苛求的、執拗的、獨自生長的「分歧者」，同行下一程直至餘生。不做攀援的凌霄花，只願當你近旁的一株木棉，以樹的形象和你站在一起，分擔寒潮、風雷、霹靂，共用流嵐、虹霓。

又或變成大多數，褪下鎧甲，換上長裙，也未可知。

只是我想記錄下此刻的我，依然是一隻「野生動物」。

你陪我一程，我惦念一生

十幾歲時看王家衛的電影，不大懂，既不懂故事之外的欲言又止和求而不得，也不信宿命。

經年之後，重看《花樣年華》，才恍然懂得劇中人。

那是一種難堪的相對。

她一直羞低著頭，給他一個接近的機會。

他沒有勇氣接近。

她掉轉身，走了。

●● 當時的我們，從沒想過回頭

陳太太搬來時，房東問她姓什麼，她說：「我先生姓陳。」

她只說她的先生姓陳，在那棟樓裡，她沒有名字，沒有自我，只是「陳太太」。

穿風情萬種的旗袍，精緻、優雅、體面，從事文秘工作。

大約在 20 世紀 60 年代的香港，中產階級的核心需求是秩序與尊嚴。

陳先生給日本老闆打工，常年在日本出差，與陳太太聚少離多。

隔壁租戶是報社編輯周先生，他的太太在酒店上班，早出晚歸。

兩戶同一天搬家，師傅不斷弄錯，周家的鞋櫃搬到陳家，陳家的書又放進周家。

她問他：「你也喜歡看武俠？」

讀書的人，容易為這類橋段傾心。

無論是《查令十字街 84 號》還是《月滿軒尼詩》，書香稀薄的年代，彼此曾為同一部小說雀躍和遺憾，似乎在那一刻，便生出某種通往精神世界的紐帶，聯結了兩個看似那麼不同的人。

樓裡房東太太問她：搬家這樣勞心力，先生不來幫忙？

影片開頭，即見她先生之不負責任。

回頭想想，命運曾在那麼多處給過暗示，可是當時的我們，卻從沒想過回頭。

●● 難忘的，或許是你

直到兩人約見，談起「香港買不到 」的手包和領帶，各自另一半終日不見的感情，終於浮出水面。

她說：「我以為只我一人知道。」

兩個同病相憐的人，各自在令人疲憊的關係裡進退兩難。

他們在狹長的樓道裡擦肩而過時，大提琴聲無一例外地響起。

一定會有故事發生吧，無法預料的，只是結局。

從那時起，他們常見面，談各自的先生或太太，模仿、揣測他們的私情是如何開始的。

彼此依偎取暖，試圖涉過命運的深寒。

難忘的，是雨吧，或者你。

是命運下過的雨，是和你一起躲過雨的屋簷。

他說，一個人的時候很自由，想做什麼都好。結了婚就不
一樣，很多事一個人做不得主。

她問，如果沒結婚呢？

他說，可能會更開心些吧。

她說，從沒想過婚姻會是如此複雜，從前以為只要自己做
到足夠好就可以，可是兩人在一起，只有一個人做得好，遠遠
不夠。

他說，不是我們做錯，何必浪費時間，自問我做錯什麼。

背叛，就是你看著她把打火機扔進威士忌酒杯，可你明明
說過，那是你的心臟。

●● **愛過你的每個瞬間，像飛馳而過的地鐵**

聽說他病了，朋友說，他想喝芝麻糊。

她煮了一鍋芝麻糊，分給樓裡的鄰居喝。

後來再相見，他說，謝謝妳的芝麻糊，那天我剛好想喝。

她說，是嗎？好巧。

她從不說愛他，只是默默做完所有對他好的事，九曲情意藏了又藏。

你看不到我的苦心，甚至不必看到，情願你以為是「剛好」。

他們相約一起寫武俠小說，流言忽至。

房東太太說，年輕人都愛玩，不過要有分寸，兩夫妻常分開，總是不大好。

一牆之隔，隔著今生的距離。

2046房間，她掙扎，猶豫，奔赴，離開，又留下來。

那晚很特別，她問他「小說寫得如何」？

不知為什麼，明明是另一個問題，他卻覺得她在質問「愛不愛我」？

她說，我們不會跟他們一樣的。

我卻分明想起周芷若說的「倘若我問心有愧呢」？

影片裡的配角也很有意思，她的老闆、他的朋友、他們各自的另一半都不忠，越軌習以為常，他們卻仍恪守底線，「不能成為曾經痛恨的人」。

這一生，他有一百次、一千次、一萬次機會告訴她──我愛你。

但是那麼久了，她等他，他卻沉默。

愛過你的每一個瞬間，心像飛馳而過的地鐵。

他要走了，去新加坡。

●● 錯過，即是一生

你走之後，快樂都是那樣短暫，痛苦卻是那樣漫長。

一年後，她打電話，他接到，卻沉默。

如果還記得，應當聽得懂另一端的呼吸和想念。

但他什麼也沒做。

三年後，他回到故園，房東太太已離去，他不敢叩響隔壁
的老屋，不敢相信屋裏仍住著故人。

與君淡如水，千杯亦不醉。

他來到吳哥窟，把所有心事藏進佛土。

心聲安葬在岩洞，越要退出，越向你生命移動。

倉央嘉措寫過這樣的詩：

一個人需要隱藏多少秘密，才能巧妙地度過一生？

這佛光閃閃的高原，三步兩步便是天堂，卻仍有那麼
多人，因心事過重，而走不動。

電視劇《花樣年華》中呈現：「那個時代已過去，屬於那個時代的一切都不存在了。」、「那些消逝了的歲月，仿佛隔著一塊積著灰塵的玻璃，看得到，抓不著。他一直在懷念著過去的一切，如果他能衝破那塊積著灰塵的玻璃，他會走回早已消逝的歲月。」

終是優柔寡斷，所以漸行漸遠。

我去吳哥窟時，陳先生的「秘密」已青草依依。

在洞窟前，我說，寧為你跌進紅塵，做個有痛覺的人。

小說裡，那麼多人在硝煙散盡的世界久別重逢；而現實中，錯過，即是一生。

《花樣年華》上映時，王家衛42歲，梁朝偉38歲，張曼玉36歲。人們說，失了年少的熱烈，多了克制與含蓄。叫「花樣年華」，大約是因為，這才是人一生中最好的年紀──不再魯莽偏執，也還未衰老。

不是只有肆意愛過的，才是花樣年華。

聽天由命，也好。

●● 戀人未滿，你只是途經了她的盛放

我幾乎不喝酒，陽曆年和同事去了一個名字叫「Almost Lover（戀人未滿）」的地方喝酒。

後來，我把「Almost」譯成「差一點兒」。

差一點兒，我們就能擁有每一個清晨。

差一點兒，我們就能見到同一個未來。

差一點兒，我們就能不錯過。

可最後，還是差了那麼一點兒。

他們或許看到眼前的流水和遠方的帆，

我只看到你。

他問她：「如果有多一張船票，你會不會跟我一起走？」

她問他：「如果有多一張船票，你會不會帶我一起走？」

終其一生，聽不到想要的答案。

「那不是你的花，你只是途經了她的盛放。」

荼蘼過後，再沒有春天。

那些懸而未決的心意，交給時間

●● 愛是想觸碰又收回的手

認識他的時候，他22歲。

那時，她剛剛結束一段潦草的關係，裸辭，在米蘭的青旅被小偷偷光了所有錢。

她給朋友打電話，朋友說：「剛好有個學弟在米蘭讀書，我讓他去接妳。」

在米蘭深秋的街頭，薄寒的午夜，一個同鄉口音的男孩風塵僕僕地趕來，輕聲說：「別怕。」

她驚魂未定地跟在他身後，穿過一條又一條安靜的街區，來到他家。

走過重重的雕花鐵門，一間簡單的小屋，一張床，一副桌椅，一燈如豆，一窗臨街。

回頭想想，不過是一間陋室，那時她卻覺得無比溫暖。

兩人從青旅的遭遇聊起，講到各自的成長。原來他們曾在

同一所學校讀書，他們吐槽著同一個物理老師；他們的父輩是大學校友；他們都擁有奇怪的笑點。

不記得說過什麼，只記得整晚都在笑。

她過得並不好，失戀、失業，約好一起去歐洲旅行的閨蜜臨時變卦，留她一人在他鄉流浪，還遇上小偷。

那一晚，是她生命中短暫卻明亮的煙火。

他們談天說地，直到東方泛白，女生將離開米蘭去瑞士。

後來她睡著了，男生在一旁看書。當他低頭拍醒她時，一束清晨的陽光從男生肩頭漏下，那一霎的感覺，像家。

在火車站，她想擁抱他，但卻沒有。

塞林格說：「有人認為愛是性，是婚姻，是清晨6點的吻，是一堆孩子，也許真是這樣，萊斯特小姐。但你知道我是怎麼想的嗎？我覺得愛是想觸碰又收回手。

●● 是他悄悄治癒了她的心

在瑞士，青旅老闆提議她打工換宿，並留她在這裡工作，幾年後可以申請瑞士永居。

她問：「為什麼我如此幸運？」

老闆說：「因為妳非常美麗。」

她打電話問他，他說：「不要去，妳總是太單純，聽不懂老闆言語間的暗示。」

她於是啟程去巴黎，火車搖搖晃晃顛醒碎夢，阿爾卑斯山的澄澈治癒了她的眼睛，她漸漸開心起來。

但她知道，是他悄悄治癒了她的心。

他是那樣地閃耀，讀他們家鄉最好的高中，精通五國語言，高考後留學法國，順利留校讀研究所，又被選中來米蘭做交換生。

那是他最好的年紀，意氣風發，充滿希望。

　　而她，身在谷底，沒有工作，沒有未來，打爛了一手好牌
——曾經的校文科榜首，高考卻失利。那些年荒廢了青春，畢
業時連一張學歷證書都沒有。

　　她不敢對他說喜歡。

　　但遇見他，她找回了從前的鬥志。優秀的人單是出現在你
生命裡，已是一條渡你的河。

　　「在你身邊停留的瞬間，我停下來，認出自己。」

●● 相知一場

　　從歐洲回來那年，她考入「985」院校讀研究所，畢業後
進入知名企業，隔著時差，與他的聯絡愈發稀少。

　　她想人生總是這樣，有時相聚，有時分離，只要聚時竭力，
散時便無悔。

　　往後多年，只要他發消息，她總是開心，甚至有一回接他

電話時，不慎從高處重重摔下，臥床半個多月。

痊癒後，她左手無名指關節處，留下一個十字星形狀的疤。望著這根將來會戴上戒指的手指，她總想起他。

這些心思她從沒說過，他是太過美好和純粹的存在，年紀又小於她，她總自覺不配。

再相見時，他回國了，留法近十年，卻沒能換到一張文憑，也不曾戀愛。

而她又一次辭職，正經歷一段疲憊的婚姻，還意外流產失去了一個孩子。

站在離婚的門檻，進退兩難。

她回到家鄉，住在一幢老樓裡，他來看她。

距離初見，已過去好多年，但他仍像那個昨日的少年，鄉音未改，風塵僕僕，明明是一個漂泊的人，卻帶著家的溫暖。

在一張狹窄的沙發上，從日上三竿，聊到日薄西山，細數這些年的經歷，像初遇那晚，有說不完的話。

坦誠得像面對另一個自己。

他們本不是甘願向旁人袒露心扉的人。

此刻，他前途未蔔，她身不由己。

那麼多不為外人道的辛苦，她想擁抱他，但她不能。

她只對他說：「在我心裡，你是那樣優秀，別看輕了自己。」

他說：「妳那麼有才華，又勇敢，不該過這樣的生活，妳可以做到任何事、成為任何人，只要妳想。」

狄金森的詩裡說：「假如我能使一顆心免於破碎，我便沒有白活一場；假如我能平息一個人的悲傷，消除一個人的痛苦，或者幫助一隻迷途的知更鳥重返巢中，我便沒有虛度此生。」

相知一場，他們曾無數次撫平過彼此心頭悲傷的褶皺，是不是就不算白活一場？

●● 發生什麼，都好，允許一切

從前，她的愛情觀是瓊瑤給的，是任時過境遷，容顏改變，愛的人能僅憑聲息認出你；是紅塵作伴，浪跡天涯，瀟瀟灑灑；是一心既許，萬山無阻，生死相依。

她是自由的、浪漫的、不食人間煙火的，卻過著世俗中每個人都在複刻的人生──朝九晚五，按時結婚，買車買房，生兒育女。

她的丈夫不讀書，只與手機為伴；她說的，她的丈夫不懂，也不想懂。

她的丈夫從來沒有試圖了解過她──妻子，只是一個角色，誰都可以，碰巧是她。

她想，人生大概是這樣，最好的狀態是情投意合，其次是衣食無憂，最不濟是孤獨終老。與對孤獨終老的恐懼相比，情投意合或許沒那麼重要。

當她守著幾近枯萎的婚姻，想對命運說「我認」時，他回來了。

她想告訴他，那年初遇的心動、別後經年的相思、如今不改的悸動，但她什麼也沒說。

她早過了「偏要勉強」的年紀，對愛情，也少了執念。

多年以前，假如她沒有選擇不算熱門旅遊城市的米蘭；假如原本留法的他沒去米蘭做交換生；假如他早睡，沒接到她朋友淩晨兩點半的求助電話；假如他的房間不在她住的青旅旁，僅15分鐘步行距離……

那麼多個「假如」，他們卻最終相遇。

命運曾在無數個路口留下伏筆，可惜那時年輕，只恨太匆匆。

閨蜜陪她看《愛在》三部曲，陌生的青年男女在宿命中偶遇，熾烈地相愛，他們每次見面都相隔多年，卻永遠有說不完的話，像極了他們的故事。

男主角說：「因為不了解，才會愛一生，所有浪漫的期許都缺乏現實的基礎。」女主角說：「我們只是短暫地相逢，或許只有在歐洲散步時，在天氣暖和時，我們才合得來。」

於是她想，做不成伴侶，做朋友，也很好，不必貪心。

如果喜劇是悲劇加時間，那就再等等看，等待人心剝離出最初的模樣。

那些懸而未決的心意，交給時間。

往後餘生，慢慢來，發生什麼，都好，允許一切。

那晚，她在日記裡寫下：我以為人生不過一場大雨，而我無枝可依，有幸搶到一柄傘，儘管陳舊、儘管破陋，總好過冰雨澆頭。但與你人海相認，被你疼惜、欣賞，總會讓我相信，原來人間有晴天。

我想做那個
在你葬禮上描述你一生的人

爺爺去世了。

這件事對我的打擊很大，以至於時間過去好久，只要想到爺爺，就淚流不止。

我 5 歲以前是在爺爺奶奶身邊長大的。

奶奶特別勤勞，把爺爺和我襯托得都很懶。餵奶粉、打疫苗、織毛衣、洗衣服、做飯，家中的大小事情都是奶奶一個人包辦。

爺爺夏天給我買一包小矮人雪糕，吃完我的舌頭花花綠綠的。

教我寫毛筆字、畫國畫，畫著畫著他就要跟他的老夥伴們打麻將去，每次都說「三缺一」。

下雨天，院子裡闖入一隻小青蛙，我把它好生餵養起來，沒過幾天爺爺就給我放生了。

騎一輛「二八大槓」自行車，我坐在橫樑上，爺爺載著我上街趕會，看正月十五的花燈和禮炮，回來晚了挨奶奶批。

有時停電，我們點一支蠟燭，奶奶吹口琴，爺爺唱《草原上升起不落的太陽》。

第一次出門旅遊，是奶奶帶我去五臺山，爺爺看家，但我太小了，以為再也見不到爺爺，臨行前就在大巴上猛哭。爺爺買了幾根他最愛吃的麻糖，從車窗遞給我，也不說話。

我不愛吃，看見那一摞麻糖，哭得更凶了。

●● 念及此，我只覺抱歉

我一直覺得爺爺可能更喜歡姊姊。

姊姊是伯伯家的小孩，爺爺只有我們兩個孫女。

小時候，我和爺爺打羽毛球，畫一條線，誰接不到就要撿球。

有一天，爺爺悄悄跟奶奶說：「妹妹這個性子，長大了怕是要吃虧。姊姊和我打球，球掉了，每次都要跑過來撿，從來

不讓我撿。妹妹只撿自己那邊的，還要我好好打，別走神。」

　　奶奶一向偏袒我，說：「那是妹妹打得好。」

　　二十多年過去，我還是一副不討巧的模樣，爭強好勝，不懂迂迴，黑白愛憎，朗朗分明。

　　後來我離了家，越走越遠，每次回去，爺爺說：「妳某篇文章我看了，寫得好。」

　　也沒有別的話。

　　我賺錢容易，每年爺爺生日（除了在牛津大學做交換生那一年），我都請老人家吃頓好飯。他不說什麼，我覺得他應該挺高興的。

　　爺爺臨終前這一兩年，姊姊常去看他；我離得遠，一年到頭只見得上三五面，朝夕相處不超過20天。

　　今年8月底，我回家給奶奶祝壽，爺爺身體尚可，坐在院子裏看報，看著看著就睡著了，我就推他去小公園，散步、曬太陽。

　　一個多月後，人就沒了。

　　我沒給爺爺餵過一次飯 、穿過一件衣、剪過一回指甲、端過一次便盆。

　　因為疫情，我甚至沒來得及見他最後一面，連他在醫院病床上是什麼樣子，都只能看伯伯發來的影片。

　　直到最後時刻，家裡都瞞著我。影片裡，爺爺狀態好時還能說話。

　　我說爺爺身體體質好，可能過兩天就能出院。

　　念及此，我只覺抱歉，仰愧於天，俯怍於人。

　　姊姊說，去世前一週，她回去，爺爺意識已不大清醒，爺爺問她：「妹妹好吧？」

●● 還有那麼多沒做的事、未竟的心願

　　家人不讓我回去，怕給防疫單位工作添亂，爺爺去世 7 小

時後才告知我。

　　飛機、火車，沒有一張餘票，我轉天津繞道回鄉，一天一夜，終於趕上遺體告別儀式。

　　靈堂前，我看到爺爺的遺像，那是他64歲時照的，那年我3歲。

　　我們住在一個小院子裡，滿院都是鬱鬱蔥蔥的爬山虎和蜿蜿蜒蜒的葡萄藤。

　　長大後讀詩，最喜「梨花院落溶溶月，柳絮池塘淡淡風」，那是我童年風物的寫照。

　　日子過得很慢很慢，從朝霞升起到日頭偏西，從冷月如鉤到月滿西樓，我們擁有一整個日月。

　　照相那天，我不知是有起床氣，還是對攝影師認生，哭得驚天動地，留下了一張眼睛紅紅的照片。

　　奶奶特別幫爺爺染了頭，相片上的爺爺滿頭黑髮，意氣風發。

看到遺像，童年往事就像一場無聲電影，一幕幕地在腦海閃回。

我腳一軟，撲倒在靈前，再也起不來了。

我多想再摸摸他的手啊！多想把他喊醒，好好教他怎麼用手機發簡訊，再也不嫌他煩；陪他看他愛看的《新聞聯播》，不搶遙控器……

還有那麼多未竟的心願、那麼多沒做的事，我真的放不過自己。

●● 爺爺的軍功章

前年冬天，我休年假，回家看爺爺，他一直說自己大限將至，每天都睡很長時間。

某天吃早飯時，他非要給我剝雞蛋，我誠惶誠恐。

他一向不做這些有催淚之嫌的瑣事。

　　從那時起，我忽然覺得，結婚生子或許也是不錯的人生選擇，老一輩應該很開心看到孫輩成家吧。

　　再不成家，他可能就看不到了。

　　爺爺是從死人堆裡爬出來的，他13歲參軍，15歲提拔為幹部，參加過三大戰役、抗美援朝、越南抗法戰爭等戰役，軍功赫赫 。他曾在雲南大學當軍事教授，年輕時經常出國，進行外事談判。

　　這是我主持爺爺葬禮時寫的悼文，改自我讀研時，為新中國成立70週年寫的主題徵文──《爺爺的軍功章》。

　　李占年同志悼詞

　　雲蒙低沉，草木含悲，蒼天流淚，大地悲鳴。2021年10月1日，李占年同志走完了自己光輝的一生，與世長辭，享年89歲。

　　李占年同志遺體告別儀式現在開始，默哀，奏樂。

默哀畢。

首先讓我代表李占年同志的親屬，對今天前來參加告別儀式的單位和親友表示衷心感謝。在此，我們懷著沉痛的心情，共同追憶李占年同志的一生：

李占年，1933年1月2日出生於長子縣張店村，13歲參軍，15歲提拔為幹部，16歲加入中國共產黨，追隨陳謝大軍，自黃河始，一路向南。作為長子縣為數不多的離休幹部，李占年的一生是戰鬥的一生、光榮的一生。他參加過三大戰役、渡江戰役、抗美援朝、越南抗法戰爭、西南剿匪、中印邊境自衛反擊戰等戰役。他畢業于南京炮兵學院，曾任雲南大學軍事教授，在外事活動中，多次進行出國談判。

年輕時，他獲得多枚軍功章——解放獎章、解放華中南紀念章、解放西南勝利紀念章、渡江勝利紀念章、淮海戰役勝利紀念章、全國人民慰問人民解放軍紀念章。近年來，他又獲得了「慶祝中華人民共和國成立70週年」紀念章、

「中國人民志願軍抗美援朝出國作戰70週年」紀念章、「光榮在黨50年」紀念章等。這是他一生驚心動魄、屢立戰功的真實寫照。對他而言，祖國是在槍林彈雨裡誕生的，在一枚枚沉甸甸的軍功章裏。他站在新中國的起點上，用鮮血和堅韌鑄成了對祖國的深情。令人驚奇的是，他把人生的終點也定格在了10月1日──舉國同慶的國慶日。這一天對他有著格外重大的意義，我們也將在這一天永遠緬懷他。

共和國的功臣，我的爺爺，您安息吧！我們永遠懷念您！

下面，向李占年同志遺體三鞠躬：一鞠躬，二鞠躬，三鞠躬。

李占年同志永垂不朽！

最後，讓我們懷著悲痛的心情向李占年同志的遺體做最後告別。

今年春天，我錄過一期影片，叫《我想做一個在你的葬禮上描述你一生的人 》。沒想到半年後，我成了在爺爺的葬禮上描述他一生的人。

小學三年級，第一次寫作文，寫《我的爺爺》，同學們向我投來羨慕的目光，爺爺從來都是我的驕傲。

對我，我想不起來爺爺說過什麼刻骨銘心的話，做過什麼感天動地的事，但我們一起生活的那些印記，都被歲月一針一針縫進了我最初的生命裡。

爺爺走了，我生命早期的一段回憶，就被生生拽了下來。

●● 進不得，退不得，身難由己

奶奶迅速老去。

從前，奶奶是大嗓門，在院外喊一聲，我在地窖裡都聽得到；爺爺走後，奶奶說話的聲音低低的。

爺爺把她的大嗓門也帶走了。

我只怕時間太快，她也要離開我。

那我的童年，就徹底丟了。

我想了很多點子，想把奶奶接來北京同住：老舊社區沒有電梯，我看好了老年爬樓機；我家沒裝電視，怕老人白天會寂寞，我下單買了一台；把輪椅備在車後車箱，隨時出門，隨時能推……

可奶奶的身體根本經不起長途跋涉，對她而言，單是來到北京，已經很難很難了。

我又想，乾脆辭職算了，回老家陪奶奶住個一年半載，反正給人打工，任何時候都不晚，老人不在就什麼都沒有了。

得知我有這個想法，爸媽每天發幾十條60秒鐘的語音極力勸阻，只要視訊電話，就是一通勸。

我想人生在世，大概總是這樣，進不得，退不得，身難由己。

●● 爺爺變成了天空中最亮的那顆星

爺爺剛走的那幾天夜裡，我們在老家，我調好鬧鐘，每隔兩小時起身焚香點燭。

我怕爺爺找不到回家的路。

從前看一篇文章，作者的母親亡故，他在家裡處處撒了麵粉：如果母親回來，就能看到腳印。

直到如今我才明白，如果捨不得的人離開，你是多麼希望他能回來，你不會害怕。

我一次都沒有夢見過爺爺，聽人說應該是在那邊過得很好，對人間沒有什麼留戀和遺憾。

我想大概是真的。

爺爺是不太動感情的人，如果他在那邊看到我每天哭哭啼啼的，應該也會覺得很麻煩。

生死、別離、名利，他看得都淡。

世間好像沒有什麼能讓他放不下和捨不得。

他是真正的無欲則剛。

我永遠景仰、尊敬我的爺爺，也永遠永遠無法停止對他的思念。

爺爺，如果你變成了天上的星星，也要努力當最亮的一顆啊！這樣我才能找得到你。

好好幹，別走神。

Part ③

真正的強大不是對抗，而是允許和接受

願你乘風破浪，跋山涉水，
也願你浪漫一生，細嗅薔薇。

我們都曾針鋒相對，抑或敬而遠之，
終將淚流滿面

●● 無用，卻有心

冬末春初，我事業遇到瓶頸，家裡也不太平。

老人體弱多病，輸液、住院是家常便飯，醫院成了第二個家。

母親正是更年期，常失眠、夢魘、冒虛汗，脾氣也總是不好。發訊息給我，多是嗔怨。

我早熟，多年來承擔母親的情緒，傾聽、背負、決斷，以為己任。

在香港陰雨濡濕的回南天裡，咀嚼她的長籲短歎。

和母親視頻聊天的時候，看見鏡頭對面的她臉色蠟黃，

神情疲倦。

我說：「走吧，去海南島三亞。」

準備好兩人全部行程的機票，訂好酒店，做好攻略，我輕裝啟程。

母親在北，我在南，各自抵達。

做了很多年的獨行背包客，尚極簡，在機場望見瘦小的母親拎著鼓鼓囊囊的大包小包，霎時又惱，又無奈。

箱子裡多是備給我的，無用，卻有心。

●● 故鄉只有冬夏，再無春秋

在圓通寶殿，母親虔誠跪拜，叩三首，鞠三躬。

「妳許什麼願啦？老都老了，心底還有大願望。」我打趣她。

「我黃土埋半截，能有什麼大願望？盼能許妳一個好前程罷了。」媽媽說。

「好前程。」我默念。

前程何處？

我常捫心自問。

我在 18 歲的青春期，從不迷茫。

那時流行讀笛安的書，同是太原人，她寫：

我的故鄉的孩子都在為外面的世界努力著。

我同意。

高考，對我們這一代人而言，都是重生。

重新選擇城市，重新選擇人生。

吃醋長大的發小，考到川大，目前最擅長的競技是打麻將，且無辣不歡；終日飽食麵條、花卷、饅頭的閨蜜，在深圳讀博士，現在的人生信條是：無論吃了多少山珍海味，缺了一碗米飯，就不能算「吃飯」。

而我，在嶺南讀本科，之後又到更遙遠的香港、溫哥華。

從接到錄取通知書的那一刻起，故鄉，便只有冬夏，再無春秋。

我 18 歲時，目光堅定，態度堅決，要去遠方闖蕩。

可是如今，一個人闖蕩了五六年，我迷茫了。

回家，還是留下？

此地鮮衣怒馬，熙熙攘攘，光怪陸離；彼處柴米油鹽，粗茶淡飯，偏安一隅。

只是遠在千里之外的家和爸媽，我放不下。

●● 她只剩下唯唯諾諾的依賴，一如當年的我

離開三亞那天，母親歸家，我回香港，她先搭乘飛機。我們在不同的櫃檯排隊等候，我辦好托運，去送她。

她卻排錯了隊，火急火燎地趕往另一櫃檯。

過安檢時，廣播已催促登機，母親急得滿頭大汗，奔向緊急通道。

或許是更年期的緣故，她總是冒虛汗、易激動，常年失眠。

　　望著她白了七成的頭髮，我的心像刀滾過似的疼。

　　母親手忙腳亂地過安檢，又被凶巴巴的地勤喊回去，重新掏出包裡的充電寶。

　　過了安檢後，母親匆匆跑向登機口，也沒顧上回頭看我一眼。

　　那一霎，我恍然覺得，母親老了。

　　想起10歲那年，我第一次坐飛機，去大理。

　　著急去洗手間，卻聽到飛機上廣播響起：「飛機開始降落，洗手間暫停使用。」

　　我坐在座位上，小小的人兒，用小手抹眼淚，也不敢聲張。

　　母親牽著我，向空姐說情，好說歹說，才放我進去。

　　那時的我，怯怯而躲閃，只會哭。

　　一恍惚，十多年過去了，我長成果敢而剛毅的女子，母親卻連櫃檯都找不對了。

　　那種感覺不好受。

就像是我偷走了母親所有的能耐和智慧。

她只剩下唯唯諾諾的依賴，一如當年的我。

●● 母親是我的軟肋，是我講不出再見的執念

排長隊過了安檢，算著時間，母親應已登機。

但我還是走向她的登機口，想碰碰運氣，看能不能再見她一眼。

十幾公尺開外，我一眼就望見了母親。

她正坐在接駁車裡，埋頭發訊息。

我發簡訊過去：「右邊。」

母親茫茫然轉過臉，看見我，眼淚唰地就下來了。

我趕忙衝過去，想遞給她一包紙巾，她沒有隨身帶紙巾的習慣。

登機口穿制服的女生把我攔下來，說：「沒見過有人要闖

登機口的。」

　　我挺不好意思地笑笑，向母親揮揮手。

　　母親的眼淚愈發洶湧，以至於不能再好好看我，接駁車就開走了。

　　車一轉彎，我的眼淚唰地就下來了。

　　我不是多愁善感的人，那些難得的黯然、糾結與軟弱，一部分給了文字，另一部分給了母親。

　　大學 4 年，小打小鬧賺了些錢。

　　兼職做英文翻譯、慶典主持、平面模特兒、助理管理諮詢師……少數靠才華，多數靠辛苦，算是半獨立。

　　生活不鋪張，存下的錢全部用來旅行，大山大水的風景看透。

　　最大的改變，是不再執著於聚散。

　　天下筵席皆有盡，聚時竭力，散時無悔。

　　可母親，是我的軟肋，是我講不出再見的執念。

●● 離家近是莫大的幸福

手機鈴響，是母親在接駁車裡發來的簡訊。

夢兒：

媽媽走了。

這次妳帶媽媽旅行，媽媽很開心。

妳長大了，能安排好自己的生活，還能照顧別人，我很放心。

買些好看的衣服，妳現在是作家，對自己好一點兒，出現在人前，要優雅、得體，別太拚。

累了，煩了，常告誡自己：靜下心來，以靜制動，靜能生慧。

與人為善，吃虧是福。

妳的路會越走越寬。

媽媽

心中微涼。

　　這麼多年，離家在外，穿越一個又一個城市，行過一條又一條街道，仰望一片又一片天空，歷經一場又一場的別離。

　　生活一如柴靜所寫：「工作上學，換了不少地方，去哪兒都是拎箱子就走。不動感情，覺得那樣脆弱。」

　　真正走到雲樹遙隔的他鄉之後，才知道，離家近是莫大的幸福。

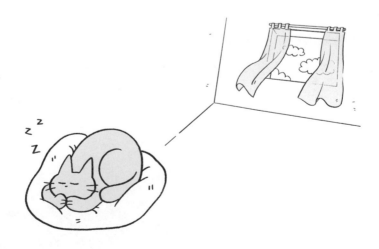

●● 也許有一天，我會回去

過年回家，匆匆忙忙的，只待了3個小時。

父母兩鬢的白髮再也遮不住，雷厲風行了一輩子的奶奶，經常從廚房到客廳轉來轉去，想不起要拿鹽還是拿醋。

我心裡隱隱地不安、愧疚。

為了自己的詩和遠方，勇敢的人先上路，代價是錯過他們的老去，不能回頭。

最終，我逃離的，是生我養我的故土，也是竭力張開翅膀庇護我的父母。

母親說：「在家閒下來的時候，聽《西海情歌》，裡面有句『你跟隨那南歸的候鳥，飛得那麼遠』，想到妳，總哭。」

「經常清晨驚醒，想跑去喊妳起床，怕妳上學遲到，一恍惚，才知道妳已經走了。」

「妳的小屋還像原來一樣，經常打掃，好像妳還在，放學

就回來，我還嫌妳桌子太亂⋯⋯」

門前老樹長新芽，院裡枯木又開花。
半生存了好多話，藏進了滿頭白髮。

小城雖小，但有我的家。
這樣想來，似乎也不像過去那樣急於逃離。
也許有一天，我會回去。
我只願，歸家，永遠是我欣然的所望，而非倦怠的退路。
曾經有人對我說，離別是為了更好地相聚。
那麼，好吧。
我在這裡，等待下一場相聚。

我與父親的和解之路

●● 如果小時候聽爸爸的話，一定會生活得更好一點兒

我和我爸的「戰爭」持續了 15 年之久。

從 9 歲到 24 歲，我們常年勢不兩立。

小時候，我爸對我日常不滿。

小到沒有良好的餐桌禮儀：筷子不擺放好，飯吃到一半離席去喝水，沒有等大人上桌就自己先偷嘗了一塊紅燒肉，飯盛好後喊了三次還沒上桌……大一點到冬天不穿秋褲，頂撞奶奶和媽媽，在課堂上悄悄說話……我多數時候不服氣，並且冠冕堂皇地稱其為「不拘小節」。

我一直相信，在不同的年齡段，有不同的主要矛盾，在各個時期只要竭盡全力做好一件事就行──嬰幼兒時期是「乖巧」，學生時代是「成績好」，進入職場是「有業績」──沒人教過，但我天生就知道。

我擅長考試，除了短暫地在物理上「折」過兩年，大多數

的時候都是高材生。回到家，鞋一甩，衣服一丟，就迅速開始寫作業。我沒什麼宏圖大志，只想快點寫完，多看一會兒言情小說。

媽媽形容我，「所到之處，摧枯拉朽，一片狼藉」。

我爸不同，他的要求是全方位的，他希望我成為全面發展的大家閨秀，我們倆自然矛盾重重。

往後多年，直到我在最後一份工作中調動，變成主管秘書之前，我從不考慮「過程」和「規矩」。

我注重結果，為達目的拚盡全力，但過程中會傷到誰的感情、觸碰哪些規則，不太在意。這也使我吃盡苦頭。

時常想，如果小時候多聽爸爸的話，一定會生活得更好一點兒。

但假如不曾經歷破碎，我也成不了作家。

總之，家教森嚴使我更加叛逆。18歲高考結束後的那段時間，是我最不乖、最痛快的一段時光，我把父親強加在我身上的「淑女」標籤狠狠撕下，快意恩仇。

●● 我爸爸是他的同齡人裡最有才華的

我從小就有強烈的「平等意識」，不認同老師、家長天生地高我一等，認為每個人都是平等的個體，可以平等表達、交流情感。

這個理念源於我媽，從小到大，她始終與我平等對話。

從讀書時我暗戀的男同學、煩人的班主任，到職場上蠻橫的甲方、難搞的上司，我媽都能叫上名字。

如今我快30歲了，婚戀、跳槽、在北京紮根，遇到棘手的事仍會向她請教；她在小城的不順心與不甘心，也會跟我說。

朋友們羨慕我有一個這樣的媽媽。

相比之下，我爸卻是傳統的中國父親，他非常堅毅，非常沉默，極少抱怨。

他快60歲了，即將變成花甲老頭，但每天都工作到凌晨兩三點。

他有時是在單位工作，有時是為自己寫書。堅持讀書，堅持寫作，他從不放低對自己的要求，當然也不肯放低對我的標準。

我走過許多城市，見過許多人，依然相信我爸是他的同齡人裡最有才華的。他有一種特別鑽研的勁頭。

我寫傳記，我爸也寫。同樣寫5000字的短篇，我看20萬

字的資料，我爸能看 200 萬字。

　　他要窮盡自己感興趣的人、事、物和所有可考據的資料。

　　寫蘇東坡時，他認真查閱每一句詩詞背後的故事，嚼透每一個與蘇子有關的成語，在淩晨三四點給我發消息：「漢書下酒，浮一大白，人生快事。」

　　我爸那一代人，表達遠沒有我們這麼方便。

　　在這個時代，自媒體、網際網路讓個體發聲變成可能。我寫一篇《魯迅妻子朱安：一生欠安》發在公眾號上，一個月文章的閱讀量就破千萬，也就是說，大約有 1 千萬人看過這篇文章。

　　而在他的青年時代，投稿要把手抄本裝進信封郵遞。

　　幾經周折，一篇稿子在路上就要走一個月。

　　那時，他給全國頂級的報紙、雜誌寫專欄，是山西知名的作家。在人均月工資不過百元的年頭，他每個月光拿稿費就有四位數。

●● 爸爸從不允許尊嚴破碎，永遠展翅高飛，保持憤怒

從祖輩起，我們世世代代背井離鄉，一向不知何謂「故土」。

爺爺從北方一個破落的小山村出發，一路行軍打仗來到雲南，又轉業回到縣城。我爸從縣城到省城，我從省城到京城，每一代都竭盡所能，一點一點接近更遼闊的天地。

「家鄉」何在，倒很難講。渴望遠行的人，不能眷戀歸屬。

回望我爸這半生，頻頻轉變身分。

他最初在縣城當公務員，頗受主管青睞。那時他二十出頭，正是「黃金時代」，對一眼望穿的生活感到疲憊，報名參加單位的公費進修，來省城讀政治經濟學。

在學校，他認識了我媽，毅然放棄縣城的錦繡前程，為愛遠走，在同學間一時傳為佳話。

在省城太原，他先做出版社編輯，後進報社當主編，沒想

到報紙竟遭遇休刊。

　　我爸又轉行進了省電視臺。隔行如隔山，從報紙到電視，同是新聞，語境卻迥異：報紙要求書面化，電視要求口語化；此外，還要重新學習編導、剪輯等技術。

　　那時他每個月有20天在出差採訪，剩餘的日子每晚加班，在機房通宵審片、剪片。

　　沒過幾年，他拿到全省第一個「中國新聞獎」，去九寨溝領獎，一時間在單位風頭無兩。

　　不久，他又獲了大獎，其他部門的主管想掛名評優，我爸說：「這個片子您全程沒有負責，不應該掛名。」

　　他這一生，寧折不彎如此，卻也為他的坎坷仕途埋下了伏筆。

　　因為報導揭露了許多黑煤窯、黑企業，在他的辦公室，有人送了塊匾，上書「仗義執言」。我想這是他當記者幾十年，職業生涯最真實的寫照。

汪峰有一首歌：「誰知道我們該去向何處？誰明白生命已變為何物？是否找個藉口繼續苟活，或是展翅高飛保持憤怒。」

半生漂泊，半生辛苦，我爸從不允許尊嚴破碎，永遠展翅高飛，永遠保持憤怒。

●● 24歲，我與父親終於和解

前些年，伯伯突生重病，去海南休養，爺爺奶奶都是我爸媽在照顧。

疫情防控期間居家辦公，我爸每天給爺爺奶奶做六菜一湯，不重複。

爺爺離世，爸爸堅持給爺爺守靈好幾晚。

我說我替他，他說妳大老遠趕來，回家睡覺。

葬禮辦完那天，送走所有親友，他坐在沙發上垂著頭打

肫，滿頭白髮，滿眼血絲。

　　若不是常年健身，依然擁有飽滿的胸肌和肱二頭肌，遠看簡直老態龍鍾。

　　對待爺爺奶奶，他每天都想著帶他們吃什麼、玩什麼。疫情暴發前，爸媽帶爺爺奶奶去井岡山，爺爺腿腳不好，坐輪椅，我爸一路推著他，遊遍全城。

　　早年幫我跟人打官司，他懼高，最怕坐飛機，卻來來回回飛了那麼多次。

　　我爸對自己節儉得很，根本捨不得給自己買好衣服，身上的一些有質感的衣褲都是我買給他的。買回去他能一直穿，逢人就說，是女兒買的。

　　但親友間無論誰家有難，我爸定會慷慨解囊。我們家不富裕，但幫助過好多遠房的姑媽伯嬸。

　　他本不必這麼辛苦。

　　但可能是天性，他天生就是這樣的人，先天下之憂而憂，

把每個人的苦難都背負在自己的肩上，對所有親朋好友盡心盡責。

家人、朋友遇上事兒，總會第一時間向他求助，彷彿他無所不能。

從我 24 歲起，爸爸突然不再嘮叨我了，反倒換成媽媽，時常對我表達不滿。

他說我工作尚安穩，才華能飽腹，在對我的管理上，他可安心「退居二線」。

我們兩人漫長而激烈的對峙迅速走向終結。

很難說是否有某一處分界，我與父親終於和解。

我想，如果將來我成為像我父母那樣的家長，我會認為自己非常成功、非常偉大。

老友記

　　不知是不是籌備第三本書的緣故，我最近時常憶往昔。

　　明明調換到更加忙碌的崗位，加班成了家常便飯，卻因為腦子越用越靈光，難得休息時，頭腦也會不受控地思來想去，回首向來處。

　　又或許，單純是因為老了。

●● 從那以後，我再不害怕登臺了

　　認識王書，是 10 年前的事。

　　那時，我剛從太原跋涉千里來到廣州，開啟了張揚恣意的大學生涯。

　　學院舉辦迎新晚會，我和王書作為大一新生，都是歌手隊的隊員，被分配唱一首對唱歌曲。

　　第一次登臺亮相，我們下了許多功夫練習。

　　彼時軍訓，按身高排列隊伍，王書跟我差不多高，離得不

遠，所以我們有時間就合一合。

午休時，訓練畢，也總在練歌。

終於迎來彩排，但以王書跟不上拍子、我唱不上高音「圓滿」告吹。

隊長深感惋惜，臨時更換曲目，從《因為愛情》換到《心願便利貼》，我們又開始廢寢忘食地學歌。

好在這一首簡單，最終的舞臺效果還不錯。

從那以後，我再不害怕登臺了。

●● 我把青春密密匝匝地縫進了廣州那座城

我第一次吃早茶，是王書帶我去的，在廣州上下九步行街，有一家知名茶樓──陶陶居。

王書是廣東人，嫻熟地點了一桌子小點心，每一個都好吃。

得遇王書，我才迅速融入那座遙遠而陌生的城市，直把他鄉作故鄉。

多年以後，陶陶居開到北京，王書在人大讀博士，我第一時間約他前去品嘗，果然沒有廣州的好吃。

一向認為自己生了一個廣東胃，儘管後來回到北方，卻總是鍾情粵菜。

2019年，去深圳出差，轉道回廣州看老師，一進校園，紫荊花的幽香撲面而來，我在朋友圈發：大約也是一種故土難離吧！

那麼多年過去，依然迷戀「大灣區的哥哥」，中意粵語歌，喜歡和廣東的同學打電話，聽裏挾著亞熱帶季風氣息的「白話」。

那是我一生中最好的年紀，我把青春密密匝匝地縫進了廣州那座城。

●● 我們在海邊狂奔，吃最地道的海鮮大餐

王書的老友分布在粵港澳各處，假期，他常帶我前去看望，順道旅遊。

去溫柔了歲月的珠海——海是珠海的眸，澄澈而深邃，寫滿曲曲折折的故事，輕輕上鎖，鎖起那些年的驚心動魄，與世無爭。

行走在海灘上，任海風吹亂我的發，亦吹亂我的心；任海浪打濕我的鞋，亦打濕我的夢。

俯身，拾得缺了一角的海螺，幻想裡面寫著《海的女兒》的童話；看小螃蟹霸道地橫行，對我這個龐然大物熟視無睹；坐在沙灘上讓細沙鑽進鞋子，帶它遊歷世；拾起小石子，斜身打一 串水花，劃一段童年故鄉小河的弧線。

我們在珠海未經開發的海邊狂奔，跟海鮮店老闆瘋狂砍價，吃到最地道的物美價廉的海鮮大餐。

　　去驚豔了時光的深圳──漫步於深圳大學，彌天蓋地的綠，像北國小城的森林公園。

　　奔跑的貓咪連貫成生動的圖畫，不由得想起《愛麗絲夢遊仙境》裡的那只老貓──一吹鬍子，壞壞一笑：跟我來。

　　兩隻肥貓懶懶地臥在橫木上，卻在我迂回到牠們身後掏相機的一霎，華麗轉身。

　　靈慧的貓咪竟有如此強烈的鏡頭感，著實惹人憐。

　　路人甲乙無不妝容美美、窈窕綽約，隨處可見打扮入時的帥哥，彷彿闖入《愛情睡醒了》的場景中。

　　去澳門看一場浪漫的國際煙花節──街邊的豬排包好吃,到嘴角燙起泡都無知覺；城市不大，所有「網紅」景點連綴成一片，抬眼可見。

　　我對嶺南早期的記憶，都與王書有關。

　　後來，王書家裡突生變故，那是另一個故事，卻最早讓我看清世事無常。

從那以後，王書每個假期都回家，我則有時泡圖書館，有時外出兼職，無憂無慮的時光竟一去不返，彼時的我們卻渾然不覺。

●● 王書是我借過錢還沒翻臉的朋友

因為家中突生變故，王書有一段時間非常迫切地渴望賺錢。

他本是不食人間煙火的學究氣質，突然跌落凡間，我知他艱難，不斥他銅臭，只是陪伴。

和他一起去校外一間服飾店談「合作」，還煞有其事地寫了「商業計畫書」。

兩個完全不懂商業、書生意氣的大學生一頭闖進店門，真不知店家當時怎麼想。

但那個中年男老闆並未嘲諷，反而稱讚我們很有想法：「如

果可以實現，我可以給你們投資一筆錢。」

王書和我又相繼合計了許多生財之道，並一一實踐，早已忘記有沒有賺到錢，只記得那時血氣方剛，不知辛苦。

在2013年前後的「大學生創業」浪潮中，真慶幸，我們在廣州，那是一座敢想敢做的城市，不問出身，不問學歷，所有夢想都被尊重。

我爺爺臨終，媽媽長期守在老家病床前，竟然兩月餘忘記轉給我生活費。

家教費、獎學金花光，不忍向悲痛欲絕的媽媽張口要錢，王書慷慨解囊，拿給我300塊，沒幾天又給300塊，這些錢對那時的大學生而言已是一筆巨款。

我省吃儉用，他也省吃儉用，總算熬到我媽想起千里之外還有個「嗷嗷待哺」的女兒。

王書是我借過錢還沒翻臉的朋友，當算生死之交。

•• 相知10年，得友若此

我畢業後幾經顛沛，終於回北京，他在廣州讀研究所，逢年過節都會發簡訊問候。

聽說他要來北京念博士，我第一時間向所有同事宣告這一喜訊。

那時我還沒讀研究所，在京3年，沒有同學、朋友，只有同事、前同事，與同事的關係也淡漠得很。

王書來了，我在這個城市就終於有朋友了。

他鄉遇故知，實乃人生幸事。

王書修讀中國古代哲學，幾年不見，愈發仙風道骨。

我常感困惑，聽他講幾句，似醍醐灌頂。

他說人的畢生所得本有定數，汲汲於名利是外求，是勞而無功，只有不斷向內修為突破，才能將所得之邊界拓寬；他說君子所求真善美，不為彰顯，只為內修；他說我應當再多讀一

些書，往更深處想一步，就可以脫離當下的苦恨。

　　每次見他都像去受洗，能讓我躁動的內心平靜許久，一如《初刻拍案驚奇》裡講的「甘露灑心」。

　　再困惑時，再去見他。

　　王書孜孜不倦地渡我、開解我，望我開悟，從不說沒空。

　　現代人交友都有一定的功利性，我卻沒有任何能幫到他的地方。

　　儘管如此，每當我向他求助，他都慢悠悠地坐在粵菜館等我，聽我火燒火燎地描述「案情」，再用廣東普通話慢條斯理地幫我分析。

　　我為人執拗，不太聽人勸，但王書講話，我總聽得進。

　　相知 10 年，得友若此，別無奢求。

常想一二，不思八九

　　來長沙，因一時興起，忽然想嘗嘗聞名遐邇的「網紅」
奶茶。

　　五個鐘頭的高鐵行程，竟在一場連月來最沉的睡眠中度
過，以至凌晨四點能在酒店清醒地碼字，真是晝夜顛倒。

　　聽說長沙遍地洗腳城，時間尚早，我尋著人氣最旺的一
家，進去泡腳，也是非常養生的旅程了。

　　旅途中，我不喜歡在「網紅」景點依次拍照，更想體驗的
是本地人的生活，盡可能融入其中，這是我心目中「去遠方」
的意義。

●● 不被偏愛的人，很難有出格的勇氣

　　恰逢老友在湘調查研究，相約去探頗負盛名的小龍蝦店，
據傳此店每天客流量過萬，等位號碼牌以千位計。

　　開始等位時，前方「戰場」還有兩百來桌，於是我在店外

火爐邊烤腳。

　　不遠處有個醉酒的男孩，醉到非常痛苦的狀態，簡直肝腸寸斷──想不到吃小龍蝦都能吃出此等情感。

　　同行的幾個年輕男孩攙著、架著、抱著他走，一會兒排成「人」字，一會兒排成「一」字，千姿百態。

　　看起來不像應酬，也沒有油膩感，估計是這一年過得很辛苦吧。

　　我忽然想，能如此不體面地大醉一場，未必不是一件美事，可信任的兄弟在旁，不怕被奚落和遺棄，應該也很難得。

　　正如朋友講，女友是「半夜兩點鐘醒來非要喝茶，喝不到就哭」的女生。在座的我們，聽聞竟有些羨慕，旁若無人縱著、寵著，哪敢這麼理直氣壯地無理取鬧呢？

　　而有的人，一輩子都沒有不體面過。

　　我不知哪種人更幸運。

●● 「自由而無用」的靈魂

老友姍姍來遲，對我「在餐廳等位」這件事上彰顯的不凡耐心驚歎不已。想來我這顆「自由而無用」的靈魂，似乎總在無關緊要處耽誤時光。

那些被揮霍掉的青春都去哪兒了呢？

或是學生時代，一晚，夢見西湖泛舟，醒來便坐著綠皮火車，風塵僕僕地到蘇堤；或是重讀《邊城》，翌日黃昏已站在鳳凰古城的沱江畔，懷想「等待著不知歸期的故人」的翠翠，俱為女子，我身心已憔悴；或是看《大魚海棠》，旋即乘飛機到漳州土樓前，默念「生命就像橫跨海洋，有時相遇，有時分開；在地球的光裡，在人類的愛裡，我曾見過你」。

這些年，荒唐之事一樁接一樁，層出不窮地突發奇想，不務正業地天馬行空，愚且魯，任性冒失，不計後果。

做過太多無用之事，拋擲過無用之情，養著些無用之趣。

一不小心跌進當媽的歲數，聽老友講「我看妳就是一個小孩兒」時，也開始萌生一絲羞愧。

　　大約便是詞人言：「流光容易把人拋，紅了櫻桃，綠了芭蕉。」

　　這倒是沒什麼不好，再熬 30 年，起碼還是個隨心所欲的老太太。

●● 每一種人生狀態，各有其美好

　　跨入25歲後，身邊的女性長輩忽然不再關心「新書幾時出」、「研究生能否如期畢業」、「年終獎發多少」這類問題，轉而詢問「什麼時候能找到男朋友」。

　　但我卻有自己的堅持——我深信「活在此刻」就是幸福的秘密——所以從容，所以堅定。

　　每一種人生狀態各有其美好，獨身的人擁有自由和期待，

婚戀中的人擁有陪伴和親密。在人生這場長跑中，不過是兩個階段的長短配比不同罷了，有異同，而無高下。

擁有自由時，不必為沒有戒指而焦慮；走入圍城，也不應為失去自由而懊悔。

活在將來和過去都不明智，往者不可諫，來者未可知，珍惜並享受當下的一切，才是最好的安排。

常想一二，不思八九——別強求，得不到的，都不重要。

跨年時，問身邊的夥伴有什麼新年願望。似乎這一年，我們都沒有特別渴望的新年願望。我更願意相信，這是因為大家對現狀都算滿意。

那就祝我們：來年持續奔走在熱愛裡，全糖去冰。

保持活力，偶爾撤退，時常歡喜

●● 沒有白走的路，每一步都算數

昨天，和一個老朋友打電話，她說最近看一檔對談節目，嘉賓說：「最累的時候想著不拼了，回老家，喝酒喝到死也行。」

她說：「人活著，最怕的就是說『也行』，對現實妥協。」

我說：「我以為你會留在香港。」

她說：「我回老家了，我選擇了『也行』。」

沉默了一會兒，她又說：「妳好像從來都不會選『也行』。」

我陷入沉思，感慨良多。

上大學前，我滿懷憧憬，問在中國科學院大學讀博士的表哥：「大學裡最重要的事是什麼？」

她的話讓我至今受用：「增加閱歷。」

在人才市場做辦理落戶的視窗櫃員，在 NGO 組織（非政府組織）裡服務「邊緣青少年」，在教育機構做英語老師，在

雜誌社審稿，在電視臺審片。

閒時去不同的城市走走看看，試圖去體驗當地人的生活。

去了解哪座城市的氣質更適合你，在哪兒更能發揮你的才華，更有利於你承擔責任，比如照顧家人。

選擇城市，選擇行業，選擇公司，總需要一些運氣，卻也不能全都交給命運。

知道自己要什麼很重要，但沒有人生來就知道，只能不斷嘗試，在試錯和摔倒中，漸漸看清你想要的生活的模樣。

在南方讀書多年，回北京沒有同學，連幫忙介紹的人都找不到；但我是獨生女，長輩慢慢老去，離家太遠，照顧不到，互相都不放心。

從行業top企業公司跳槽到出版社，朋友覺得不可思議，但我很清楚自己現階段的人生重心——畢業3年，25歲，工作不能再是我人生的全部，我另有其他人生規劃。

成熟以後，對自己的人生和身邊的人都要更負責任。

　　關鍵問題想清楚，自然就不焦慮，也有時間善待自己，好好生活。

　　當我聽到同齡人的焦慮和迷茫時，我突然不再怨恨曾經吃過的苦，也放下了所有自傷自憐，好像曾經的磨難和委屈一時間都有了著落。我感恩那些崩潰的、孤獨的時刻，因為經歷過這些，我才清晰地望見前路，並珍惜現在所擁有的一切。

　　沒有白走的路，每一步都算數。

●● 自洽，才完滿

　　20歲，我聽過的最好的勸告是「你一定要努力，但千萬別著急」。

　　如果你還年輕，對探索世界還有更多渴望，那就走出去，多嘗試，去折騰，去闖蕩，別怕跌倒和流淚，閱歷無價，會讓你受益終身；如果你已選定人生方向，願你不攀比，不自毀，

腳踏實地，專心走好眼前的路。

　　要麼改變，要麼安定，最怕的是困在人生的僵局裡，進退兩難。

　　我很喜歡古人的一句話：「醉花宜畫，醉雪宜夜。」意思是喝酒應有合宜的時間、場景──若在花間暢飲，應該在白天，陽光明媚，欣賞花之嬌豔；若在雪中對酌，應當在夜晚，月下領略雪之皎潔。

　　我們總會遇見歲月的陽光與陰霾，路過生命的歡愉和缺憾，保持活力，偶爾撤退，時常歡喜，已是幸福的一生。

　　最重要的是：自洽（按照自身的邏輯推演，可證明自己至少不是矛盾或是錯誤），才完滿。

　　有時，僅一道光，我們就找回了與這個世界的初戀時光。

現在擁有的時光，已是最好的時光

●● 小日子，已是好日子

我總覺得，跨年夜並不是一年的終點，發年終獎金的日子才是。

收到 HR 寄來的郵件，告知我「2021全年度無年終獎」，這一年終於潦草收尾。

回顧 2021年的工作，全年創收百萬、獲評「十佳」、行業賽獲第一名、優質內容輸出海外，都歷歷在目。因人員流動轉調單位，一度兼做三個單位，連續加班兩個月，持續一週做到凌晨三四點，在現場暈倒……到了發獎金的日子，卻依然「顆粒無收」。

職場不易，經濟形勢不好，行業年年走下坡路，打工人互相安慰：沒被裁員已是萬幸——這一年，實苦。

好在工作之外，有其他值得慶幸的事。

研究所畢業，買房裝修，完成了幾件人生大事；觀影90部，

讀書50本，探店40家，學做30道新菜，達成年初定下的「生活小目標」；寫作事業邁進一步，出版了第二本書，成績尚可；公眾號是有史以來更新最勤的一年，單篇閱讀量首次突破1萬；讀書短影片全網播放量超過100萬，原本是工作任務，卻促使我讀了更多書，曝光量迅速增加；雖然旅行步履放緩，但油菜花季在婺源，盛夏去了稻城亞丁；新書交稿，老書增訂版即將交付印刷……

這些具體的「實現」都關乎自己，帶給我們愉悅感和成就感的，都是微小的生活瑣事。

小日子，已是好日子。

● ● 在時代的激盪中守住內心的安寧

當下，擺在我們面前的是一個機遇──一個把目光收回自身，讓心思回歸日常的機遇。

　　不再汲汲于向外探求名與利，不再于熙熙攘攘的人群中擠占自己的位置，不再渴望占據更多外物來證明自己的價值，不再高喊改變世界，只是精耕細作著自己的一畝三分地，蓬蓬勃勃，盈盈滿滿。

　　我們突然發現，能把最平凡的日子打理好，才是一個人真正的能力。

　　打卡「網紅」景點、餐廳不難，靜下心來讀一本書不易；在酒桌上和客戶推杯換盞不難，與家人朝夕對坐、和睦相處不易；人前高談闊論不難，深夜面對自己不易。

　　看經濟學家的跨年演講，有一句話令我很受觸動：「2022年，『好心情經濟』的商業時代到來了。」

　　他說，現在的年輕人有了新需求──刷牙要有個好心情。

　　所以誕生了鳳梨椰奶霜淇淋、絲絨可哥霜淇淋、白桃烏龍霜淇淋等口味的牙膏，牙膏從功能型產品變成了具有審美能力的社交型產品。

　　可見，越來越多年輕人開始關注自己、關愛自己，購買可以「悅己」的商品，為好心情買單。

　　歷史的車輪滾滾向前，當我們進入存量時代，無論怎樣努力，都無法獲有更多財富、人脈、地位時，不如停下來，向內修為——捫心自問：我快樂嗎？我完整嗎？我自洽嗎？

　　焦慮不安時，讀書，觀影，寫作，養花，烹飪⋯⋯專注做一件具體的事，不虛浮、不流於表面，它們不會離你遠去，永遠能給你最忠實的陪伴；健身、護膚、冥想，呵護身心，在時代的激蕩中守住內心的安寧。

　　新的一年，願你習慣孤獨，在日複一日的庸常中，找到足以安身立命的幸福。

　　因為我們現在擁有的時光，已是最好的時光。

Part ④

你就是自己的答案

生命不過是一場日趨圓滿的體驗，
盡興此生，輸贏皆有意義。
生如長河，你要自渡。
過去事已過去，未來事不必預思，
我就在此地，如如不動，允許一切發生。

成長是一場冒險，勇敢的人先上路

八月，那場兵荒馬亂的青春，兀地畫上了休止符。

那些年的執念、羈絆、藕斷絲連，此刻終於塵歸塵，土歸土。兩不相欠。

我們的回憶沒有褶皺，我卻用離開燙下句點。

發微博說：「換個城市，忘記前塵，好好生活。」

於是，我離開生活了 18 年的城市，孑然一身，漂洋過海。

在機場，耳機裡縈繞著陳奕迅深情款款的聲音，聽著《陪你度過漫長歲月》，淚雨倏地蒙了眼。

向世界舉手投降之前，我想再陪你一段。

陪你把沿路感想活出答案，陪你把獨自孤單變成勇敢，陪你把想念的酸擁抱成溫暖。

陪你，一直到故事說完。

航班的終點，是一個陌生的國度，一個從前只存在於新聞

和天氣預報中的城市——溫哥華。

　　過海關時，回頭望這座花城，像告別一場可有可無的愛情。

　　滿目滄海。

　　成長是一場冒險，勇敢的人先上路。

●● **每晚互道晚安**

　　那是一季盛夏。

　　萬物蓬勃，一切向暖，夏意盎然。

　　溫哥華夏陽不辣，輕暖輕寒。

　　下午3點放學，回寄宿家庭。

　　男主人在銀行上班，西裝革履，朝九晚五，很體面。

　　他會陪我去最大的購物商場買日用品和手撕的公車票；偶爾早起，他開車送我穿過一條條街道，停在 UBC（加拿大英

屬哥倫比亞大學）北門噴泉前；在我和小夥伴去伊莉莎白女王公園騎單車的傍晚，他開著電視，等我回家。

他曾在和我一樣的年紀，一個人背井離鄉，去芝加哥學美術，他深知人在異鄉的苦。

女主人是日本人，是那種很拚、很努力的女性，處處要強，英語說得不比當地人差。

保姆阿姨是菲律賓人，會在我每一個手忙腳亂、險些遲到的清晨，特意為我煎一個最愛的荷包蛋，有時也炒米飯，成全了我對米飯的情結和執念。因為她，我的留學生涯才沒有那麼難捱。

寄宿家庭裡還有兩個小朋友：姐姐7歲，長得像媽媽，黑頭髮黑眼睛；弟弟4歲，像爸爸，白皮膚藍眼睛。

我經常和他們手舞足蹈地聊天。

他們正是牙牙學語的年紀，咿咿呀呀，口齒不清；我剛出國，口語很差，和他們聊天，經常急得不知所措。

每天下午五六點鐘，在家門口的草坪上，都有一個穿旗袍的中國姑娘帶著兩個加拿大小孩，撒著歡兒，唱著歌，比畫著奇怪的手勢，在「聊天」。

最順暢的溝通，是每晚互道晚安。

我教他們說中文──晚安，W-A-N，A-N。

●● 所有的鄉愁，都是因為饞

為了提高留學生的英語水準，學校不允許我們講母語，被逮到要扣分。

人前都是「Excuse me」，背地裡，我和一個上海姑娘，總是偷偷摸摸地說中文。

我們在「地下交流」中，日益情比金堅。

彼此陪伴，走遍了加拿大的高山大川。

在惠斯勒雪峰，坐 Peak to Peak（兩峰之間）纜車椅。幾千公尺的高空，懸著兩條腿，沒有玻璃擋板。她懼高，一路呼嘯，生生把纜車坐成過山車。在校內酒吧喝生啤，我們兩個女生毫髮無傷地喝倒一桌男生，仍面不改色心不跳。千里迢迢，換了無數趟車，只為去唐人街尋一家「小肥羊」，吃久違的川味火鍋。

那天我們都吃了很多，邊吃邊紅了眼眶。

大概不是因為火鍋沸騰的熱氣，而是因為想家了。

十八九歲的年紀，漂在海外，山長水遠，舉步維艱。

所有的鄉愁，都是因為饞。

正如費老在《鄉土中國》裡寫的：「我初次出國時，我的奶媽偷偷地把一包用紅紙裹著的東西，塞在我箱子底下。後來，她又避了人和我說，假如水土不服，老是想家時，可以把

紅紙包裹著的東西煮一點湯吃。這是一包灶上的泥土。」

胃知鄉愁。

想家時，多吃點，心就能不那麼疼。

多年以後，我們都離開了溫哥華。

我在香港，她在臺灣，依然像從前般，會對彼此說聲「晚安」。

●● 我養成了每晚發短信對媽媽說「晚安」的習慣

那時，媽媽還不會用微信，國際長途費用昂貴且信號特別差，我們約好，每週打一次騰訊QQ影音電話。

那天，我去維多利亞上校外課。

在船上，我收到QQ提示：「您的QQ帳號在另一地點登錄，您已被迫下線。」

我沒在意，以為是網路問題。

晚上回到寄宿家庭，打開電腦，媽媽的QQ消息一連串地發過來，原來我的QQ帳號被盜，騙子騙走了媽媽兩萬塊錢。

「妳看不出來他是騙子嗎？」我嗔怪她。

「對方一直稱呼我媽媽，說留學部讓趕緊繳費。」媽媽委屈地說。

「我什麼時候那麼緊急地問你要過錢呀？一聽就是個騙子嘛。」

「正因為妳從不張口要錢，頭一回問我要學費，我才想著肯定是急用。騙子發消息給我，『媽媽妳連我都不信了嗎』，

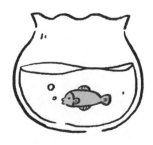

還發流淚的表情，我瞬間心軟了。就算被騙，也好過妳急用錢卻拿不到。妳一個人在外面不容易，無依無靠……」媽媽說著，竟哭起來。

我所有的堅強，霎時潰不成軍，淚水決堤。

「沒事，兩萬塊錢而已，我勤工儉學，很快能賺回來。您別難過。」我寬慰她。

「妳別去勤工儉學，吃飽穿暖，把自己照顧好，學點知識，開闊眼界，就是媽媽最大的心願。妳現在這麼優秀，飛那麼遠，媽媽沒有能力保護妳了，唯一能做的，就是為妳祈禱，祈禱妳快樂、平安。」

從那以後，我再也沒有用過QQ。

我養成了每晚發簡訊對媽媽說「晚安」的習慣。

往後多年，命途不順，輾轉過許多城市。

在蘭州，在南京，在香港，在北京，不論身在何處，總會準時發簡訊，後來是發微信消息，跟媽媽說句「晚安」。

如果今生註定四海為家，我能做的，只有竭盡所能，不讓媽媽太擔心。

●● 溫哥華，陪你說一世晚安

我看過沙漠的烈焰，看過深海的蔚藍，看過黃昏的慵懶，卻只想陪你，說一世晚安。

當年等我回家的男主人、送我香水的女主人、跟我學中文的姐弟倆、為我煎荷包蛋的阿姨，你們現在都好嗎？

那個和我一樣是路癡，卻陪著我把加拿大走遍，天天試圖用三明治換我米飯的上海姑娘，現在還好嗎？

隔著15個小時的時差，聽我牙尖嘴利地吐槽「留學生露水情緣」的你，現在還好嗎？

溫哥華，陪你說一世晚安。

謝謝你，陪我把故事說完。

擁有鬆弛感，
成為有格調、有溫度、有人情味的人

九月開學季，終於又成了一名在食堂視窗排隊打飯、在校運會上走方陣、唱校歌的學生。

讀書總會令人心懷熱望，畢業以後一切未知，彷彿因此擁有無數重塑人生的可能。哪怕已見識過人間顏色，知其「只是抹去了脂粉的臉」。

報考中國科學院大學，除了想與「家族之光」的表哥當校友，更為學校的周全和坦蕩所打動。

面試成績當天公開，毫無拖遝遮掩；複試體檢的採血室旁，一位頭髮花白的教授等待自己的學生，只為在明天答辯前再叮囑他幾句；從收到嵌著「龍芯三號」的錄取通知書，到開學典禮日為迎接 2019 級新生發射一顆衛星上天，讓人不由得生出某種自豪感和歸屬感，沒有人不眷戀你的容顏。

●● 沒有任何事情發生，暮色成了一件大事

　　10月裡的假期依然屬於旅行——吳哥窟。

　　聽聞吳哥窟，始於《花樣年華》，吳雨霏唱：「心聲安葬在岩洞……越要退出越向你生命移動。」

　　相逢於海，相思作局，從此人在劇中，悲喜隨你。

　　奈何心上人是水中月，深情不合時宜，卻入了骨。

　　「原諒你太理性，與我在一起要守秘密；原諒我太野性，想這段情更深刻。」

　　愛而不得的輾轉，秘而不宣的隱忍，唯有幽暗的晚空記得。

　　直至我親臨吳哥窟，看到的竟遠非兒女情長，而是堅韌、沉重、對抗天命的不屈。

　　這裡曾歷經戰亂、饑荒、被殖民，遍地狼煙。

　　在人比野獸更兇殘的屠戮中，卻步步佛像，處處天堂。

　　高聳巍峨的佛像面容祥和，靜穆地微笑著，人稱「高棉的微笑」。

　　有人寫吳哥之美：這個民族雖充滿苦難，但一尊尊佛像「彷彿從污泥的池沼中升起一朵蓮花，那微笑成為城市高處唯一的表情，包容了愛恨，超越了生死，通過漫長歲月，把笑容傳遞給後世」。

　　天災人禍都不曾使他們驚惶憂愁。

　　這個驚世的古國，從高度善良、極度浪漫中淡出，帶著悲情與苦難，沉默著，等待著。

　　身處其間，震撼難言。

●● 離去3年，彷彿歸家

　　前段時間回了趟廣州，離去3年，彷彿歸家。

　　早茶店裡花一上午時間「歎茶」的阿公阿婆；地鐵裡熟悉

的粵語報站；永遠人潮洶湧的體育西路換乘點；學校的西門麻辣燙店仍在營業，還做了燈牌——這或許是我用整個青春換來的，對這座城市的依賴感。

生長在骨血裡的親切，今生亦難抹去。

去拜訪一位老師，她是我荒誕的「後青春期」的見證者，為我離經叛道的種種前塵深表惋惜。

人生的步調亂了，所有的路都走到更狹窄的一邊。

一步踏錯，步步艱難。

所幸，身旁一直有老師和前輩願意竭盡所能、不計回報地指引我、幫助我，讓我相信這世上本沒有正確的選擇，只是我們全力以赴，才讓當初的選擇變得正確。

直到畢業3年，生活漸入正軌，心情才晴朗許多。

而老師漸漸老去，腰部近來做了手術，見到我，還是拿我當小孩，生怕我過得不好。

臨行時，老師執意送我去地鐵站，她腿腳受了傷，天黑路

滑，不留神一個趔趄，膝蓋著了地。我趕忙扶起老師，她扭傷了腳，還要再送。我因趕火車，不能多陪老師待半刻，難過得落淚。

走出很遠，老師還在原地望著我，我的心像被狠狠地揉了一把。

回首來處，少不更事，惹了不少是非，父母一夜白頭，老師日夜牽腸，我總歸是慚愧。

往後只願能讓所有愛我的人都滿意，不辜負信任，也不愧對深情。

●● 看似文弱，內心強勢得很

初看《神隱少女》時10歲，恰與影片女主角同歲；往後15年，重看了不止20遍。夏天去看《神隱少女》的首映，虔誠得幾乎要沐手焚香。

故事講的是一家三口在森林裡迷了路，誤闖一座鬼城，爸媽被施了法，變成了豬，小女孩歷經千險，救出爸媽。因為她善良、勇敢、真誠，交到不少知心朋友。

我對等待拯救的灰姑娘、睡美人興趣寥寥，卻喜歡《神隱少女》這類劇情，同款還有《海的女兒》和《六隻天鵝》。

小美人魚把婉轉的歌喉丟在巫婆手裡，為救心愛的王子化作海上的泡沫；小公主的6個哥哥被魔法變成天鵝，她6年不發一言，差點被當作巫女活活燒死，終於幫哥哥變回人形。

這些故事都關於女孩的獨立與成長，她們生來柔弱，但面對家人和愛人，用盡所有能量去救贖，去保護，去成全。

我媽說我看似文弱，其實內心強勢得很。

若心裡沒有稜角，怕也吃不了寫作這碗飯。

● ● 每個人都站在自己的世界裡體察人間

單身時，好朋友東東總結我年紀漸長仍情感無著的原因：「妳擁有獨立的自我和堅定的內心，這是妳想要的生活，不要給男孩子錯誤的信號。」

只是，我們想要過怎樣的生活，又怎能一言以蔽之？幸福是高度個性化的，每個人都值得擁有一種被自我定義的幸福，這幸福有其獨特性與創造性，不能用某種「標準」來衡量。

有一位央視女主持人寫下自己姥姥的語錄。她常勸小輩，平平淡淡才是真，別期望大富大貴，平平安安就是好日子。

　　結果她的姥姥表示反對，說她沒說實話：「人生來就是普通人，沒有能力便罷，有能力為什麼不上山頂去看看？山頂上看的東西和山底下看的就是不一樣；沒能耐的人，一輩子都在山溝裡，真是白活了。平淡是真，普通是好，都是懶人的說辭。要是山頂上的能人說實話，保准會說她不後悔，下輩子還要上山頂。」

　　老人家抱持樸素的勤儉努力、克己奮鬥的價值觀，教出的她自是看盡風光。但精進拚搏是一生，知足常樂卻也未必不是福。

　　另一位元央視女記者辭了職，回了老家，正式投奔生活去了，日子簡單安逸。她說，原先一直以為青春就指青春期，差矣，青春是某人一生中能夠識別、享受美好的時期。所以有人終生是青春，而另一些人終生都沒有經歷青春。

　　她們兩人，前者不知「在田埂上看水牛吃草」之樂，後者或難「常住全世界最高級的酒店」，每個人都站在自己的世界

裡體察人間。

這一生，有人為了美，有人為了贏。

只是我希望你有權選擇做一個平凡人，在自己的一方天地，真實地聯結著同樣不顯著的平凡人。終其一生也不被太多人看到和記住，但是平衡，但是自洽。

知道來處，知道去往，做一個完全的人。無畏外界的聲音和目光，在知足常樂中循序漸進，在能力和心力的承受範圍內做到最好，不挑戰身體極限，也不埋沒被賞賜的才華。

擁有鬆弛感，成為有格調、有溫度、有人情味的人。

永遠珍視自己，永遠善待自己。

給自己一點時間，允許一切發生

我最近摔了一跤，老命丟了半條。

好不容易休假，機票、酒店早早訂好，攻略做了幾千字，誰承想竟全用來臥床養傷。

倒也躲過了突發的疫情，算是不幸中的萬幸。

回想2020年初，去牛津大學做交換生，才剛落地倫敦，武漢「封城」，國內航班停了；回國第4天，國際航班不能入境……而我「完美」閃避，在疫情的夾縫中，安全學習了一個寒假。

這次，我剛回太原，走後第3天，社區有了確診病例。

旅行計畫、工作計畫悉數擱淺，人生突然停擺，急也沒用，只能在家鄉拖著病體寫稿。

●● 人生有些時候，大約真的需要等待

閨蜜來探望我，她最近在喜歡的城市謀到一份非常滿意的

工作，趁入職前的空檔趕來看我。

　　我這閨蜜是個狠人。

　　考大學，與理想高校一分之差，憤而重讀；大學讀英語專業，考取各種證書，大二快結束時，旁聽了一節西班牙語專業課，忽然找到此生摯愛，毅然換班；半途轉專業，保送和考碩士的難度極大，她拒絕調劑，生生考了2年，終於上岸；不想讀自己導師的博士班，考博士落榜後，不同意調劑；又錯過秋招、春招，沒有合適的工作，她索性在家觀望、學習，待業1年，終於謀到稱心的工作。

　　她今年30歲，還沒賺到真正意義上的第一桶金，但她一點兒都不急。

　　考大學、選專業、考研究所、找工作，30歲前的每一件大事，她從不妥協。

　　職業生涯三四十年，隨便選個崗位將就，或許當下可以應付長輩，後面卻是漫長的無奈和不甘。

　　她說：「我們這一生會遇到許多混沌和不安的時刻，走不出去的時候，我就待在原地坐一會兒，因為我相信，總有走出去的一天。」

　　這句話，別人說，或許是「雞湯」；她說，我信。

　　重讀、待業，對每個年輕人而言，都是最難熬的時光，只有擁有強大的內心和真正的堅定，才能夠矢志不渝，畢竟妥協容易。

　　那些跑得快的「贏在起跑線」的我們，誰能像她一樣，每個選擇都讓自己滿意呢？

　　我們無數次被生活掀翻在地，卻沒有勇氣，更沒有耐心，在原地坐下，撫慰一下受傷的心靈，整理一下淩亂的腳步。我們害怕被同齡人拋棄，等不及拍拍身上的塵土，迫不及待地再上路，生怕磨刀誤了砍柴。

　　不知反思，反而摔了更多跟頭。

　　詩人德里克說：「坐下，盡享你的人生。」

我想，人生有些時候，大約真的需要等待。

●● 處變不驚，是對時間的敬畏

我一直喜歡一位演員，去年看他的一檔真人秀節目，印象很深。

節目錄製時，他和另一位常駐女嘉賓突然接到春晚彩排的通知，兩檔節目撞期，只能二選一。

女嘉賓焦慮到落淚，一直在碎碎念：趕不上彩排怎麼辦？錯過錄製怎麼辦？能不能延期或是改期？為什麼通知得這麼晚？

她是非常敬業的藝人，也像極了面臨突發事件的我們。

相比之下，只有20歲的他卻很淡然。

旁人對他說：「你獨自承受壓力的樣子讓我們很心疼。」

他說：「我消化壓力很快，因為我知道，困難總會解決的，

一切都會變好的。」

　許多事在當下本來就沒有解決方法，抱怨和狂躁都無濟於事，急沒有用，只能等。

　等，不是消極怠工，是內心的相信和安寧。

　所有處變不驚，不過是對時間的敬畏。

　這一點，越早想明白越好。

　所以女嘉賓對他說：「你比我成熟。」

　從前在辯論隊，我們隊長說過一句話：「現在困擾你的事，放到 5 年後再看，還重要嗎？」

　如果可以時時刻刻都保持這種思維，在最痛苦、最焦慮的境地，想像這件事被擱置 5 年，用那時的心態回頭看，許多事都想開了。

　風物長宜放眼量。

●● 停下來，是為了更好地出發

我認識一個男孩，他談過幾次戀愛，每次都全情投入——認識一週就展開追求，相處兩三個月，發現三觀不合、性格不合……處不來又分不掉，各自消耗，雞飛狗跳好多年，最終變得疲憊不堪，還是與戀人一拍兩散。

如果可以慢慢相識，慢慢相處，或許能早早發現不合適，即便做朋友，也不至於將曾經的心動變成老死不相往來。

　　年輕人總是不願等待，看劇要倍速，減肥要速成，外賣要半小時達，寫文章要追熱點。在這個時代，慢下來很難。

　　所以我們迷戀鄉間生活部落客，花整個四季釀一罐酒；我們喜歡《少年時代》，拍攝12年，不更換任何演員，只為捕捉小男孩梅森最真實的「少年時代」。

　　這是時間的傑作。

　　正如我的腿傷，儘管沒縫合，沒用藥，只靜靜地等它痊癒，過了半個多月，那麼深的傷口竟也自然閉合，長出了新的皮膚。

　　回首向來處，那些曾以為撫不平的心口褶皺、過不去的深淵坎坷，停下來，等一等，其實也都過去了。

　　我很喜歡一個詞，叫「年深月久」。

　　咬咬牙，挺過去，總能守得雲開見月明。

　　《熊鎮》裡有這樣一段話：

　　所有成人，都經歷過內心無力的日子。當我們不再知道自己一直努力奮鬥究竟是為了什麼，當現實和日常生活將我們埋葬，我們納悶著自己究竟還能挺多久。奇妙的是，我們在這種 狀態下撐過的時間比我們想像的要長，而且我們不會崩潰。只是，可怕的一點在於：我們從來無法確切地知道自己能挺多久。

　　如果你正陷在人生的泥潭中，別怕，給自己一點兒時間，允許一切發生，它會給你最好的答案。

　　停下來，是為了更好地出發。

　　人生路上遇到的每一個困局，皆如是。

知足常足，知止常止

疫情防控期間，我做了一件很了不起的事：對我周遭的所有「領土」進行了一番斷捨離。

我從大學開始接觸斷捨離。

大二時，扔掉陪我跨越「八千里路雲和月」的日記本、一大箱連樓下垃圾桶都快裝不下的舊物。

對我而言，這算得上一個里程碑式的事件。

我也因此同緊繃的、壓抑的少女時代切割，完成一場決然的了斷與告別。

時隔多年，重新學習斷捨離，生出許多全新的體驗和心得，迫不及待地想要與諸君分享。

●● 斷捨離是流動，是新陳代謝

從前以為，斷捨離即極簡，是將生活簡化到極致，繁雜物品悉數扔去，只保留必需品，卻壓縮了審美的需求。

其實斷捨離並非捨棄一切，斷捨離的根本是「流動」，是生命的交替，是新陳代謝。

比如衣裳、廚具、化妝品，它們各有壽命，不是拒絕消費，而是精簡那些「囤積」的雜物，扔掉那些「將來可能會用到」的物品。

僅以當下的需求為著眼點，允許物品短缺時，再添新品進來。短的只用一季，長則兩三年，自然而然地淘汰，之後再更新換代。

新陳代謝也是大自然的規律，是符合生命流動的永恆奧義。

只談捨棄，不講更新、反覆運算，不是真正的斷捨離。

除卻物品，我們的許多觀念和陳規也應當不斷被革新，允許新鮮思維輸入，讓思想也流動起來。淘汰某些不符合當下潮流的偏見和執念，才是一個永遠鮮活、永遠年輕的人，是真正擁有生命力的、奔湧的「後浪」。

●● 整理家務，就是清掃內心的過程

有這樣一個很形象的比喻。

那些超市打折時順手買回的雜物、不知何時留存的友人贈禮、單位發放的節日慰問品……你不記得它們何年何月來到你家，不記得它們在哪兒「高就」，隨手堆在看不見的角落裡，落滿塵埃，就像家裡住著許多「陌生的大叔」。

它們擁堵在房間的各個角落，把你的精神空間也塞得滿滿當當。勞累一天，回到本應放鬆休憩的家，卻更加疲憊與窒息。

身是菩提樹，心如明鏡台。
時時勤拂拭，勿使惹塵埃。

所有外物都是精神世界的投射，整理家務，就是清掃內心的過程。

　　幾年前，我正處在工作最辛苦、精神壓力最大的時期，那時我瘋狂購物：衣裳多到根本穿不過來；護膚品的瓶瓶罐罐擺滿梳粧檯，有些從購入到過期，竟從未拆封。

　　想來大約是精神上不愉悅、不暢快，才會想方設法從外界攫取，以物欲的滿足來填補內心的空虛。

　　真正踐行斷捨離，不僅使居住空間變得開闊，也使思想變得不再擁擠，人際關係也隨之理順。

　　趁居家隔離有閒暇，我時常整理房間。

　　花一個午後清理一個儲物箱，花週末中的一天清理整個衣櫃，送走許多「陌生的大叔」，倍感輕鬆。

　　2020 年原本開局不利，生了兩次大病，隆冬時心口像擱了一塊巨石，憂鬱寡歡。

　　斷捨離之後的 4 月，一切向好，再無「剪不斷，理還亂」的複雜。這讓我感到清清爽爽，輕裝上陣。

●● 「先出後進」，親密關係亦如此

斷捨離作為一門學問，不僅有理念，還有許多具體的實踐方法，我最受益的是「one out, one in（先出後進）」的處置方式。

添置新物前，先淘汰舊物，騰出空間再安置新品。

總量控制，不致積壓，也使物品迴圈流動，富有生命力。

我想，這種斷捨離法則，也同樣適用於人際關係，尤其是親密關係。

現代社會的愛情觀有明顯趨利避害的傾向──許多人守著一段不如意的親密關係，當斷不斷，騎驢找馬，想著「找好下家再撒手」。

但無數事實證明，在了斷舊情之前開始有新歡，只會讓自己陷入更大的矛盾和痛苦中。

若要避免陷入糾纏的困境，順序要對。

畢竟想過好這一生，需要很多的智慧和很大的格局，而想過成一團亂麻，只需要一點點的貪心和愚蠢就足夠。

在此分享一句我的人生信條 ：「君子·不立于危牆之下，哪怕牆邊有堆成山的鑽石。」

•• 人生不必負重前行

經年之後再次踐行斷捨離，我對理論有了新的認知。

從前只是單純丟棄，如今卻會重新審視所謂的「無用之物」，廢物利用，舊物新用，再沒有比這更大的樂趣。

我想，「好好利用」或許比「直接扔掉」更加接近斷捨離的本質。

讓這些被忘卻的事物重新回到我們身邊，尋找「對無用之物不癡纏」和「惜物之心」之間的平衡，也很重要。

尤其是那些曾寄予美好情感的物品，與其漠然扔掉，不如

物盡其用。斷捨離是為斷掉雜物，但許多物品，原本不應只是雜物。

　　這也讓我們在冷靜的理性中，重拾一點溫情，如同重新愛上身邊那個在經年相處中漸漸厭倦的人。

　　特殊時期，每個人都擁有了漫長的時光與自己相處，不如放過自己，珍視自己，與自己和解。

　　沒必要的人、事、物，腦海中過不去的執念，該放手，就放手吧。

　　知足常足，知止常止。佛曰：勘破，放下，自在。

　　人生不必負重前行。

世界很喧囂，做自己就好

　　一位紀錄片導演花兩年時間，將視角「從廟堂轉向江湖」，記錄小人物的命運，新拍攝的紀錄片的片名中，有「一百年」的字眼。

　　關於片名，導演說：「一百年，幾乎是人生命的極限。或長或短的人生，應當如何度過？或許我們需要一個理由，讓自己勇敢一點兒。支撐我們一路走來的，終究不過一個愛的人，或是一件愛的事。」

　　媒體的推薦語是：「一百年很長嗎？只有用力活過的人才知道答案。」

　　在凜冽的夜色裡，我走進影院，終於解鎖「一個人看電影」的孤獨等級。

　　看簡介時，我料想可能會流淚，但其實多數時候在笑。它不渲染情緒，只是講述。笑和淚，喜與悲，皆真實。

　　像這場生活，辛苦固然多，卻總有充滿幸福的彩蛋。

●● 現實中的人，誰願為愛捨近求遠

　　黃生，一個黑黑瘦瘦的26歲男孩，在佛山打拼10年，從小工做到包工頭，掙點兒辛苦錢。

　　破舊的出租屋裡，他彈吉他，對女友唱：「沒有錢，我也沒有房，只有一個有要求的丈母娘。」

　　女孩意外懷孕，催他打電話，向自己的父親提親。

父親拒不見面：「學歷沒有，錢也沒有，人還長成這個樣子，匹配嗎？」

女孩哭道：「我希望得到你們的祝福，為什麼不給他 一個機會認識一下？總不能用外在條件全部否定一個人。」

黃生備受打擊，說：「我自己賺錢，用汗水養活自己、照顧父母、在這個城市立足，為什麼沒有資格追求愛情呢？」

現實中的人，誰願為愛捨近求遠？

●● 世界很喧囂，做自己就好

日子剛剛好轉，磨難接踵而至。

他們的小孩被檢查出患有先天性心臟病，因情況嚴重，立刻做了手術。

「我們一直被命運推著走，結婚，生孩子，沒有一步輕鬆容易。」

生下小孩，妻子流淚，黃生也流淚。

他一次次低聲下氣地催工程尾款，籌錢給孩子治病。

最艱難時，他唱《海闊天空》：「原諒我這一生不羈放縱愛自由，也會怕有一天會跌倒，背棄了理想誰人都可以，哪會怕有一天只你共我。」

回到出租屋，廁所門破了個大窟窿，妻子一邊找了一個快遞袋，讓黃生拿去補門，一邊問道：「我們怎麼這麼可憐呢？」

問完，她笑了，一時竟有些心酸。

她應該很愛黃生吧。

媽媽問她為什麼這樣執拗，她說：「就是遇到了呀！就是遇到了。」

如果沒有遇到呢？或許嫁給門當戶對的小夥子，不必在貧窮窘迫裡摸爬滾打。

可是遇到了。

人生短短一百年，短到來不及遇見，來不及深愛，來不及

堅持，來不及勇敢，就匆匆結束。

　　黃生夫婦是不幸的，孩子患有先天重疾；但他們也是幸運的──茫茫人海，能遇見甘願執手此生的彼此。義無反顧地結婚，堅持生下患病的孩子，努力湊錢治病，這就是他們對宿命的對抗。

　　在無情的命運面前，每個人都是弱者，卻因有了彼此，變成無堅不摧的勇士。

　　影片結尾，黃生湊齊了手術費，孩子手術成功，他和妻子也補辦了婚禮。

　　婚禮現場，他穿著新郎服，還表演了一段舞獅。

　　隔著螢幕，我想對他說：世界很喧囂，做自己就好。

●● 珍惜所得

　　從生到死，不過百年，何必為瑣屑的小事傷心煩惱，為旁

人的眼光坐立難安。無須為名為利奔命掙扎，更不必放棄心底
的熱望。

做好一個讓自己滿意、安心、快樂的普通人，已經很難很
難了。

如果有幸遇見情之所鐘的人、事、物，請不要輕易放棄。

珍惜所得。

一百年很長嗎？

短得像呼吸，長得像擁抱。

只有用力活過、愛過、堅持過的人，才知道答案。

讓自己開心，才是一生浪漫的開始

●● 不完美，才美

　　最近看了一則訪談 ，很有感觸。兩個女演員，分享「不想做一朵花，想做一片綠葉」的想法。她們說，葉子更細膩，更強韌，不爭不搶，可以輕輕柔柔，也可以很有重量，可以靜靜地、穩穩地存在。

　　或許每個女孩都經歷過這樣的蛻變：從前，想變成花，變成焦點，想被世界看見，去拼去搶，爭奇鬥妍，一味迎合世俗標準；後來逐漸成熟，能從容平和地自我欣賞，不急於證明自己，只是默默地等待被看見。

　　這是一條很長很長的自我修行之路。

　　短片裡，女演員落淚說道：「從前一直覺得自己不好看，但是我對自己說，不要擔心，總有一天你會變得很漂亮。」

　　青春期的女孩大都迷惘，不斷自我懷疑、自卑，覺得自己不夠瘦、不夠白、不夠美，於是瘋狂減肥、美容，感受到的來

自外界的傷害往往也加倍。

　　而成長最重要的是，學會接納自己的不完美，坦然地擁抱全部，擁抱真實，然後在真實的樣貌裡，看見最閃耀的東西。

　　我們都是獨立的個體，自己和他人同在，承認每個人有不同的生活方式，有各自盛開的花期與美麗，就不會那樣辛苦。

　　在人生這場長跑中，每個人都有自己的步程。後來卻找到了一生的幸福。正如《無問西東》的臺詞：「願你在被打擊時，記起你的珍貴，抵抗惡意。願你在迷茫時，堅信你的珍貴。愛你所愛，行你所行，聽從你心，無問西東。」

　　不必討好世界，不要活在「被比較」的框架之下，不為旁人的眼光和舌尖所累，只取悅自己。

　　穩穩地，靜靜地，默默地，不爭不顯，不疾不徐。

　　你的努力，你的熱愛，終有一天會被看見。

　　讓自己開心，才是一生浪漫的開始。

●● 過好每一天，就是普通人的英雄主義

前幾天看到一則新聞，觀者無不嘴角上揚：一位中年大叔蹦蹦跳跳地下班。畫面上的他是那麼快樂，仿佛生活的風雨從不曾落在他的肩頭。

這位被網友稱為「快樂大叔」的師傅，其實過得並不輕鬆。

他是木工，高強度的體力活兒自不必說。他住在集裝箱式的工地宿舍，宿舍裡幾百個工人聚集，又亂又破；他每天清晨5點起床，穿梭在鋼筋、鋼管中，工服上都是破洞，幾乎沒有一件是完整的；為了多賺一點兒錢，只要有加班機會他就去，工作量不比20出頭的年輕小夥子少。

蹦蹦跳跳的這一天，只是稀鬆平常的一天，沒有發獎金，沒有中彩票，他只是覺得下班了，很輕鬆，很開心，蹦出了生命應有的喜悅。

生活之美，不是不知生活艱辛，而是知其艱辛，依然輕裝

上陣，從容前行。

「快樂大叔」說，人這一輩子哪有不辛苦，再苦再累，開心點兒就蠻好。

在艱難的歲月裡淘到快樂，就是我們平凡人的驚天動地，是我們看清世界的真相之後，依然熱愛生活的英雄主義。

●● 活在當下，是快樂的源頭

很喜歡這樣一則寓言。

小和尚問師父：「師父，您得道之前每天做什麼？」

師父說：「砍柴、挑水、煮飯。」

小和尚又問：「得道之後呢？」

師父答：「砍柴、挑水、煮飯。」

小和尚非常困惑：「那得道前後有何區別？」

師父說：「得道前，砍柴的時候想著挑水，挑水的時候想

著煮飯；而得道後，砍柴是砍柴，挑水是挑水，煮飯是煮飯。」

　　很多時候，我們不開心，都是因為無法活在當下，裝著太多心事，要麼焦慮未來，要麼後悔過去，而許多困擾，皆因想得太多，做得太少。

　　與其臨淵羨魚，不如退而結網。

　　一位博物館創辦人曾說，當代年輕人普遍焦慮，應該學會減壓。減壓就是減事，一次只做一件事，不無限制地堆積，只把這件事做到極致。

　　關注眼前，好好經營此時此刻，讓自己充實而快樂。快樂不是虛無縹緲的、抽象的，而是具體的，是腳踏實地，如果你不知道怎樣才能保持愉悅，不妨堅持去做一些悅己的小事。

　　睡覺前花10分鐘自我反省，回顧今天，總結今天，用自省把自己變得更加理智成熟；去旅行，走出狹窄的生活圈，去陌生之處欣賞未知的風景，誰知會有怎樣的驚喜等在前方；遠離傷害你的人，果斷說「不」，切勿當斷不斷，長久癡纏；隨

時記錄美好時光，拍照片，寫日記，錄影片，日複一日的記錄總有一天會治癒你，點燃快樂的回憶；去讀書，去認識不同領域的新朋友，花時間回家陪伴父母⋯⋯

只要你對生活用了心，它一定會報答你。

讓自己快樂是一種高級的能力，我想你也值得擁有。

我決定選擇自己的命運

●● 做自己，去做熱愛的事

　　整理舊物，在中學筆記本上，發現了在遙遠的少女時代手抄的一段話：

Don't let the noise of other people's opinions drown out your own inner voice. And the most important, have the courage to follow your heart and intuition. They somehow already know what you truly want to become. Everything else is secondary.

　　（不要被他人意見所左右，最重要的是敢於跟從你的內心和直覺。它們知道你真正想成為誰，其他的都不重要。）

　　過去半年，我的內心一直處在緊張激烈的掙紮中，「內在自我」瘋狂冒頭，尋求平衡和自洽。

看到少時筆跡，恍然很感動。

「做自己」，聽起來很寬泛，具體落地，大約是不隨大流，只做自己真正喜歡的事。

心理學有一個概念，叫「心流」。當你全情投入做一件熱愛的事時，就會進入心流狀態。在這種狀態中，你全然忘我，廢寢忘食；完成這件事後，你的心靈能獲得高度的幸福感和充實感。

如果我們總能進入心流狀態，就會擁有更多幸福的體驗。

寫作時，我常進入心流狀態。

高強度地密集寫作，始於高考之後。

10 年間，平均下來，每月至少有 5 個夜晚在通宵寫作。

平常日子裡，我較少熬夜，晚上 10 點一到，手機和身體就自動休眠。但只要靈感迸發，提筆寫文，就不知不覺到東方既白。熬完夜我仍感到精神矍鑠，痛快淋漓。

我想這是心流的力量，通俗地講，是熱愛的力量。

熱愛之外，有事業，有家庭，辛苦確實是辛苦。

寫作於我而言，沒有 KPI（關鍵績效指標），我也不以此為生，卻心甘情願常年點燈熬油，因為這是我「做自己」的選擇，一旦放棄，就很難再找到熱愛、專注和幸福了。

對那些選擇所愛的人而言，時間是祝福；反之，時間就是詛咒。

活一生，是在熱愛的事業中時光飛逝，還是在麻木與厭倦中度日如年？

選擇權在你。

●● 從小事開始，為自己做決定

如果你一直在跟隨主流，沒有聽從內心做過選擇，那麼你可以從小事開始，為自己做決定。

朋友聚餐，不再說「隨便」，對每一餐飯負責，選擇喜歡

且健康的餐廳和食物。人一生能吃進肚子的食物是有限的，不能為了充飢，什麼都往肚子裡填，謹慎選擇每一口入口的食物，確保它們都是你喜歡的、有益的。

不合適的衣褲立即處理，彼此消耗的戀人不再拖著，浪費生命的工作趁早丟掉……

你在不喜歡的人、事、物上多花 1 分鐘，想過的生活就會晚到一點兒。

　　小事「隨便」，大事就失去了決斷的能力，放棄每一次選擇，人生就只剩下「命定」。

　　如果你一直在為別人而活，從今天開始做自己想做的事，來得及。

　　人生沒有太晚的開始，怕的是永不開始。

　　我還有許多渴望，想要讀博士，想要留學，想要在30歲後回到家鄉發展，陪在父母身邊。我不清楚這些是否會被世俗所接受，但我知道，我想要它，現在做的每件事都是在積蓄力量，為了圓夢。

　　我想你也一樣。別忘記那個心底淺淺的呼喚，如果你總選擇忽視，它可能就真的靜默了。

　　成為熱烈的、豐盈的、充滿生命力的個體，不要麻木不仁，不要苟且偷安，不要「二十多歲就死了，七十多歲才埋」。

過不緊繃鬆弛的人生

妳38歲，在公司整10年。

部門新人一臉青澀，有點怯怯，有點期許，妳仿佛看到曾經的自己，輕聲歎了口氣。

頂頭女上司大妳2歲，很拚，很專業，也很凶。

剛入公司時，妳敬服她，也怕她，常因做錯事被批評，默默掉淚。有時，妳覺得自己沒有做錯，卻依然被訓，心裡的委屈氾濫成災。

那時的妳很拚，可是每到月底算績效時，總會被少算一些，而同部門的另一個女生，卻總能獲得意外的垂青。起初，妳去找主管評理，後來也不大在意了。

漸漸地，妳不像原來那麼努力。工資不高不低，工作消磨掉許多激情。

妳覺得，適當努力就好，最重要的是保全自己。

突然有一天，妳發現一個根本不熟的同事拉黑（拉入黑名單）了妳，妳想起曾經幫她湊過報銷的發票，心裡很是悲

涼。

　妳的老公從事技術工作，工作環境簡單，除了消耗腦細胞，沒那麼多煩心事。

　妳跟他吐槽公司人際關係複雜、工作疲累且不開心、收入低。

　他說，那就換工作啊！

　妳失眠了。

　妳有點後悔，畢業時為什麼沒選擇一個「風口」行業，現在轉行，又比不上「新鮮出爐」的「00後」，已經太晚了。

　妳安慰自己，其實現在也還好，畢竟工作已駕輕就熟，老闆也對妳印象不錯，跳槽代價那麼大，一切從零開始，不值得。

　想到這裡，你關了電腦，準備回家。家裡，還有堆積如山的衣服等著妳洗，孩子的作業還沒檢查。

　　妳 28 歲，周圍催婚、催生、催二胎的親朋好友日常「在線」，每逢過年過節，簡直是一場災難。

　　妳猶豫，也掙扎：是否結婚？生不生孩子？每次都選擇「再等等」。

　　妳其實也著急，可是沒車沒房，拿什麼結婚？拿什麼養孩子？

　　一個閨蜜嫁了北京當地人，房不用愁，買輛價格不菲的車，約妳和妳的男友週末自駕遊。妳有點說不出口的勉強。

　　另一個閨蜜和「小鮮肉」結了婚。兩人都不是胸懷大志的人，說好了一輩子不買房、不買車，全部收入用來吃喝玩樂，倒也開心。

　　可妳的人生，卻左右為難。

　　和男友相處到第五個年頭，他不再送花，你們很少去電影院，紀念日也不再去西餐廳。妳中意的口紅和裙子，他總是皺著眉，說：「家裡不是還有很多嗎？我們要買房，過日

子不能太大手大腳。」

　　妳自問：「或許沒那麼喜歡身邊的他？」

　　但妳又安慰自己：年紀不小了，又一起生活了那麼久。

　　跟誰在一起，還不是一樣？而且現在分手，搖身一變成
大齡「剩女」，一切真的都晚了。

　　妳深深恐懼「被同齡人拋棄」。

　　「我已經不是 18 歲的小姑娘了，我沒有資本從頭開始。

　　妳給閨蜜發了一條信息，3 個月後，妳結了婚。

　　22 歲，妳剛畢業，懵懵懂懂地從大學校園邁入社會。

　　學了一個被稱為「萬金油」的專業，似乎什麼都能做，
又似乎什麼都不大合適。

　　聽說互聯網行業很熱門，可妳不懂什麼是「運營」，什

麼是「產品」，什麼是「策劃」，只能根據百度百科和知乎、微博上的解釋，連蒙帶猜地投了無數履歷，面試了不少單位，終於進了一家尚可的公司，薪水微薄。

妳安慰自己，第一份工作，能經濟獨立、不依賴父母已經很好了。

秋招已經錯過，春招也進入尾聲，再等，就太晚了。也許明天，明天就會前途無限。

表姊幫妳介紹男友——一個程式師，妳第一眼看到他就沒什麼感覺，但身邊的閨蜜都有了伴，妳想：「試一下或許也行。」

年齡不等人，錯過了女生的黃金年華，就又晚了。

微博上有一個段子，問 90 歲的奶奶最後悔的事是什麼。

奶奶說：「60 歲的時候，想學小提琴，覺得有點晚了，就沒有學。如果那時開始學，現在已經演奏 30 年了。」

看過一句話：「人生最大的壁壘就在我們的頭腦中，因為我們強加設限，才讓自己裹足不前。」

其實你人生所有的不開心，都敗在了給自己設限，敗在那句「太晚了」。

你總覺得為時已晚，可你不知道，人生從來沒有太晚的開始，將就的人生，根本不值得一過。

央視「名嘴」敬一丹，33歲才進入中央電視臺擔任節目主持人，此時她已不算年輕，但她從不覺得「為時已晚」，而是永遠抱有學習和進取的熱情，主持《焦點訪談》、《東方時空》等家喻戶曉的欄目，蟬聯三屆金話筒獎。

人真正的衰老，就是從「認命」開始。我最喜歡的人生態度，是「前半生不要怕，後半生不要悔」。

如果你剛剛畢業，不要害怕選擇自己喜歡的職業，哪怕春招已經結束，只要你打定主意不將就，就沒有任何人能強迫你做不喜歡的事。

如果你不愛他，不要害怕放棄，因為一段低品質的感情只會讓你更加精疲力竭。年輕人更應學會的是及時止損，此生不怕重頭來。

如果你工作不開心，沒成長，不要害怕做出改變，只有你開始渴望星辰大海，你的未來才可能更加遼闊。

種一棵樹，最好的時間是 10 年前，其次，就是現在。

借我一個暮年，
借我碎片，
借我瞻前與顧後，
借我執拗如少年。
借我後天長成的先天，
借我變如不曾改變。
借我素淡的世故和明白的愚，

借我可預知的險。

借我悲愴的磊落，

借我溫軟的魯莽和玩笑的莊嚴。

借我最初與最終的不敢，借我不言而喻的不見。

借我一場秋啊，可你說這已是冬天。

——樊小純《借我》

寫這本書時，恰逢疫情第三年，就業市場墜入寒冬，我28歲，裸辭。

在人類巨大的災難面前，我開始審視我的渴望與熱忱，而不僅是銀行卡裡的餘額數位和房產證的建築面積；我學會給周邊喧囂的世界降噪，靜靜聆聽內心深處的聲音，不再焦慮、內耗、攀比；我坦然面對得失，接受自己的不完美，允

許一切風霜雨露在生命裡降臨。

我看到生命是那樣脆弱，生離死別往往只在一瞬間。何其短暫的一生，不該被那些細細碎碎的「將就」盛滿。

面對那些讓你疼痛、無助、憤懣、羞赧的人和事，及時止損。

去過一種經過選擇和審視的人生，鬆弛、悅納、不緊繃，更重要的是，一種無論何時死去，都不後悔的人生。

永志不忘，小姑娘。

李夢霽

於天津

允許一切發生

擁有鬆弛感，成為有格調、有溫度、有人情味的人

作　　者：李夢霽
責任編輯：曹馥蘭
美術設計：王慧傑
插　　畫：藍聿昕

總 經 理：李亦榛
特別助理：鄭澤琪

出 版 者：風和文創事業有限公司
電　　話：（02）2755-0888
傳　　真：（02）2700-7373
網　　址：www.sweethometw.com
E m a i l：sh240@sweethometw.com
地　　址：台北市大安區光復南路692巷24號1樓

總 經 銷：聯合發行股份有限公司
電　　話：（02）2917-8022
地　　址：新北市新店區寶橋路235巷6弄6號2樓

印　　刷：兆騰印刷設計有限公司
電　　話：（02）2228-8860

初版一刷：2024年3月
定　　價：360元

文化部部版臺陸字第112340號

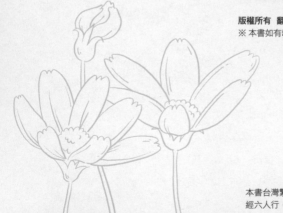

本書台灣繁體版由四川一覽文化傳播廣告有限公司代理，
經六人行（天津）文化傳媒有限公司授權出版。

國家圖書館出版品預行編目資料

允許一切發生：擁有鬆弛感，成為有格調、有溫度、有人情味的人/李夢霽著. -- 初版.
-- 臺北市：風和文創事業有限公司, 2024.03
　面；　公分
ISBN 978-626-97546-6-3(平裝)

1.CST：人生哲學　　2.CST：自我實現
191.9